강여울 | 풀씨처럼 | 3

아름다움은
빛날 뿐

오혜령 · 영성묵상기도집

도서출판
이유

오혜령 영성묵상기도집

| 강 여 울 | 풀 씨 처 럼 | ③

아름다움은 빛날 뿐

ⓒ 도서출판 이유 2003

글쓴이 · 오혜령
펴낸이 · 김래수

초판 인쇄 · 2003. 11. 25
초판 발행 · 2003. 11. 30

기획 · 정숙미
편집 · 김성수 · 한진영
북디자인 · N.com (749-7123)
분해, 제판 · 성광사 (2272-6810)
인쇄 · 청송문화인쇄사 (2676-4573)

펴낸 곳 · 도서출판 이유
주소 · 서울특별시 동작구 상도5동 103-5 성은빌딩 3층
전화 · 02-812-7217 팩스 · 02-812-7218
E-mail · eupub@hanafos.com
출판 등록 · 2000. 1. 4 제20-358호

ISBN 89-89703-37-9 04230
ISBN 89-89703-34-4(세트)

강 여 울 | 풀 씨 처 럼 | 3

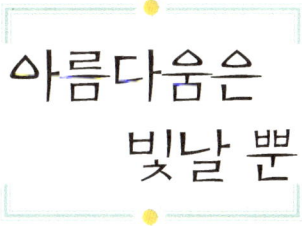

아름다움은 빛날 뿐

오 혜 령 · 영 성 묵 상 기 도 집

눈 감으면 보이는 당신

거룩하신 삼위 하나님,
제가 여기 있습니다
받아 주십시오
이 땅에서는 노년의 길에 들어섰사오나
당신 안에서는 한 갓난아기,
당신 나라에서는 영원한 청춘이 될
저를 받아 주십시오
당신 현존의 발견에서
위격의 발견으로 건너간
저를 받아 주십시오

생명이신 성부의 위격,
빛이신 성자의 위격,
사랑이신 성령의 위격,
곧 '삼위 하나님의 위격화' 는

단일성의 신비를 일깨워 줍니다
위격들의 삼위일체를 통하여
하나님의 본질에 이르러
감히 하나님나라를
여기서 맛보고자 하는
저를 받아 주십시오

아름다우신 삼위 하나님,
제가 여기 있습니다
받아 주십시오
표징들을 통하여
당신의 임재를 느끼고
표징들을 응시함으로써
당신을 직관하려고 몸부림치는
저를 받아 주십시오

어린 시절에는 별을 올려다보며
당신을 더듬어 찾았습니다
영성길에 들어선 후에는
수련에 집중 몰입하여
당신을 만나려고 애썼습니다
지금 '주부적 관상길'에서는
눈을 감으면 당신이 보입니다
당신을 제 안에서 발견하는
순간들이 점점 늘어납니다
그러나 저는
여전히 추하고 교만하여
감히 당신과 하나될 수 없습니다
그래서 울고 또 웁니다
그럼에도 불구하고 저를 받아 주십시오

저의 전부이신 삼위 하나님,
이야기하며 웃으며
울며 생각하며
춤을 추며 노래하며

걸어가며 일하며

언제나 항상 줄곧

당신을 뜨겁게 사랑하고

간절하게 부르도록 해 주십시오

오늘, 이 기쁜 날,

당신은 분명 제 앞에 계십니다

오늘의 저를 받아 주십시오

그리고 '내일이란 오늘' 의

저도 받아 주십시오

아멘

아름다움은 빛날 뿐

♣ 예수께서 그에게 말씀하셨다.
　"네가 무화과나무 아래 있을 때에
내가 너를 보았다고 해서 믿느냐? 이것보다
더 큰 일을 네가 볼 것이다." (요 1:47-51)

소나기로, 달빛으로

어제 아침,
한 줄기 소나기로 오셔서
잠을 깨워 주신 주님,
하마터면 늦잠을 잘 뻔했지요
감사합니다
당신은 언제나 저를 게으름에서 구해 주십니다
항상 위기에서 건져 주십니다
감사드립니다

오늘 밤에는 한 움큼 달빛으로
저를 찾아오셔서

저의 어둠을 흩어 주셨지요

하마터면 나른함에 젖어들 뻔했습니다

감사합니다

그 환한 달빛이 제 눈으로 들어가

갑자기 눈이 밝아졌습니다

저만 사물을 보는 게 아니라

사물들이 저를 보고 있는 것을

발견했습니다

제 방 안의 장롱, 문갑, 거울

책상 그리고 책들과 만년필들이

일제히 저를 향해 눈을 동그랗게 떴습니다

그러고보니 저는 날마다 홀로 주인 되어
제 눈으로만 그것들을 보는
치기만만한 오만을 지녔었군요
서로가 서로를 보고 있다는 것,
충격적으로, 즐겁게
신비스럽게, 아름답게
느끼고 알았습니다
감사드립니다

내일, 내일이 만일 주어진다면,
어떤 모습으로 오실 건가요, 주님?
하늘이 열리고 거기 천사들이
하늘과 당신 사이를 오르락내리락하는 것을
보여 주실 수는 없을까요?
나다나엘에게
더 큰 일을 보게 될 것이라고 말씀하셨듯이,
살아계신 하나님의 아들이시며
그리스도이신 당신을 고백하는 제게도
철부지들에게 보여 주시는 하늘나라의 신비를,

가려진 말씀의 뜻을,
일러 주실 수는 없을까요?

주님, 내일 아침을 기다리렵니다
더 큰 일을 기다리렵니다
새로운 깨달음을 기다리겠습니다
더디지만 명확한 계시를
은근하지만 뚜렷한 계시를
기다리고 있겠습니다
신방에서 나오는 신랑처럼
신바람나게 줄달음하는 해의 등장을
기다리렵니다
수줍음을 머금은 신부처럼   †아멘

♣ 내가 진정으로 너희에게 말한다.
   누구든지 어린이와 같이 하나님의 나라를
받아들이지 않는 사람은 거기에
   들어가지 못할 것이다. (눅 18:15~17)

존재의 뿌리로 돌아가

비존재에서 존재로

건너가게 해 주신 아버지 하나님,

의식의 세계에서 감사의 세계로

건너뛰게 해 주신 아버지 하나님,

진심으로 감사와 영광을 드립니다

삼위 하나님의 사랑 안에서

넘치고 넘치는 생명을 부여받아

지금 여기에 살아있게 해 주신

은혜를 감사합니다

심장이 뛰며 살아있다는 것,

손발을 움직이며 호흡한다는 것,

이 크나큰 존재의 신비에 눈을 뜨게 해 주시고
가장 어린이다운 경탄으로
존재의 뿌리로 돌아가도록
일깨워 주시니 감사합니다
이 세상 거짓의 어둠에 굴복하지 않도록

어린이 안에 있는 빛을 비춰 주시니 감사합니다
거짓이 지닌 복잡한 간계를 이기고
삶 속의 진리와 거짓 사이에 놓인 수렁을
건너가게 해 주소서
이제는 비실존의 무서운 어둠,
그리고 목을 조르는 비진실을,
더 이상 소유하지 않게 해 주소서
스스로 밝기 때문에

어둠이 달아나게 해 주소서
삶의 근거를 뒤흔들어 버리는
비영성적 가치관을 끊게 해 주소서
어린이처럼 쉽게 잘못을 인정하고
일관성 있는 삶을 영위함으로써
당신을 향해 더 깊이
마음을 열게 해 주소서

하늘나라에 들어갈 자격을
아드님을 통해
쉽게 풀이해 주신 아버지 하나님,
당신을 더 알려고 하지도 않는 세상,
어떤 고통도 당하지 않으려 하며
다른 이의 고통에도 관심을 가지지 않으려는 세상,
생수가 솟아오르는 샘으로부터
떨어져 나간 세상에서
완전히 눈길을 돌리게 해 주소서
세상이 안고 있는 고통의 깊이를
부인하지 않게 해 주소서

어린이처럼 현실과 부딪침으로써

모든 현실보다 더 현실적이신 당신을

단순한 시각으로 바라뵐 수 있는 준비를

갖추게 해 주소서

사랑하는 가운데 자신으로부터 벗어나

나를 '너의 몸값' 으로 내어 주게 하소서

이제 머뭇거릴 시간이 없습니다

오직 당신의 영광만을 바라보며

마음을 돌이켜 마음을 낮추어

한 어린이가 되어 달려가게 해 주소서

존재의 뿌리로 돌아가도록

인도해 주소서 　✝ 아멘

♣ 내가 주는 물을 마시는 사람은,
영원히 목마르지 않을 것이다. 내가 주는
물은 그 사람 속에서, 영생에 이르게
하는 샘물이 될 것이다. (요 4:5-15)

선생님, 그 물을 주십시오

"아, 목마르다" 하시는 주님,

당신을 갈증나시도록 한

저희의 죄가 크고 크옵니다

저희가 목마른 줄 아시는 주님,

그리하여 물을 주시겠다는 주님,

그 물을 어서 주옵소서

샘물처럼 저희 안에서 솟아올라

영원한 생명을 얻게 하는

그 신비한 물을 마시게 하옵소서

영생을 갈급하면서도

영생을 얻는 일에 최선을 다하지 못하고

생명 아닌 것에 더 관심이 많아
생명 안의 빛을 건너뛰며
어둠 속에 있는 순간을
뿌리치지 못하는 저희에게
영원한 생명이신 그 말씀을 먹여 주옵소서

"구원의 물을 길으라"시는 주님,
저희의 귀는 세상 소음에 집중되어
당신의 말씀에 귀 기울일 줄 모르고
세상 안에 우물을 팠습니다
사마리아 여인에게 다가오셔서
그녀의 무지를 스스로 폭로하도록 접근하셨듯
당신이 말씀을 걸어 오실 때마다
동문서답하지 않고
당신 말씀의 비유와 핵심을
제대로 해석하는 은총을 주옵소서

성부 하나님의 생명,
성자 하나님 안의 생명,

성부 하나님의 영원한 현재

안에 사는 그 생명을

목이 타도록 갈망하옵니다

그리스도 부활의 생명,

죄와 죽음의 끝을 알리는 생명,

하나님께서 약속하신 하나님 자신의 생명을,

바로 지금 여기에서 금일화하기를

열렬히 소망하옵니다

삼위 하나님의 능력이신 에너지로 충만한 삶,

그리스도 중심으로 건너간

새로운 질서 속의 삶, 그 영생을

오늘 이 시간

넘치도록 누리기를 원하옵니다

하나님을 믿고

구주이신 당신을 믿음으로 얻는 새 생명,

약속된 선물인 영원한 생명을

오늘 저희에게 곧 내려 주옵소서   †아멘

♣ 너희를 맞아들이는 사람은
나를 맞아들이는 것이요, 나를 맞아들이는
사람은 나를 보내신 분을
맞아들이는 것이다. (마 10:40-42)

구원의 사슬

주님, 다시 겨울이 온 듯,
쌀쌀한 바람이 불고 있습니다
하오나 언 땅에서 미리 봄싹을 내다보며
희망을 품고 봄을 기다립니다
사순절이 시작되어 잔뜩 긴장하고
십자가로 온 마음을 쏟으려 하지만
뿌리깊은 묵은 자아가 살아나
당신과 함께 살지 못하여 괴롭습니다

주님, 저희는 관계맺기에 무척 서투릅니다
전적으로 받아들이거나 기쁘게 영접하지 못하여

서먹서먹한 관계를 맺습니다
사랑하는 이웃을 낯선 사람처럼 대하며
사귄 지 여러 해 지나도
친교가 이루어지지 않아
타인처럼 지내는 죄를 지었습니다

주님, 저희는 직계 가족들밖에 모릅니다
그리스도 안에서 새로 형성된 가정단을
좀처럼 인정하지 않는 듯,
이웃 형제들에게 냉수 한 그릇
주는 일조차도 올바로 하지 못합니다
친절하지 못한 말 한 마디 때문에
이웃의 마음을 상하게 합니다
특히 당신의 말씀을 대언하는 주의 종에게서
당신을 알아뵙지 못합니다
오히려 인간적인 약점을 찾아 내어
흠집을 만들려고 합니다
주의 종들을 판단하는 죄를
용서해 주옵소서

주님, 어떤 방식으로든지
상을 주고 싶어하시는 당신께서는,
주는 사람에게뿐 아니라
받는 사람에게까지도 상을 주마고 약속하시니,
그 놀라운 은혜와 사랑을
감사하며 영광을 올리옵니다
아주 가까이에서 그리고 아주 쉽게
실천할 수 있는 길을 가르쳐 주시며
풍요의 인생을 허락해 주시니 감사드립니다

나눠 줘도 복 받고
나눠 받아도 복을 누린다고 말씀하시는 주님,
제자들을 파송하시며 이르시는 말씀 속에서
당신의 숨은 메시지를 찾으며
위로받게 하심을 감사드립니다
고난과 핍박을 각오하고
당신 곁을 떠나는 제자들에게
그들을 영접하는 자는
정녕 상을 받으리라 하심으로

확신을 심어 주신 것처럼,
오늘날도 당신이 파견하시는
전도자들을 받아들이는 사람들에게
예언자의 상, 의인의 상을
약속하시오니 감사드립니다
천국의 축복은 무한한 충만과 확산 속에서
너와 내가 공유하는 것임을
깨닫게 해 주심을 감사합니다
낯선 당신의 종들에게
냉수 한 잔 주어 타는 목을 축여 주듯,
저희 영혼의 갈증도 해소하여 주옵소서

구원의 사슬을 바라보게 하시는 주님,
하나님 사랑에서 시작되는 구원의 과정을
그림처럼 보여 주시니 감사합니다
아버지의 메시지를 전해 주신 주님,
당신의 메시지를 받아 그것을 사람들에게 전할
예언자들과 제자들의 고리를 통하여
당신의 말씀과 그들을 맞아

영원한 생명을 얻을

그리스도인들의 고리의 완성을 봅니다

저마다 말씀을 선포할 수 없으나

당신의 종들을 영접하여

보이지 않는 곳에서 희생적 치다꺼리를 함으로써

그들의 수고에 동참할 수 있는

기회를 주시오니 감사드립니다

옳은 사람이 옳은 사람 되도록

착한 사람이 착한 사람 되도록

후원하고 격려하며

최선의 방법으로 돕는 일을 함으로써

정성껏 주의 종들을 섬기는 일을

자원하게 해 주옵소서

보배로운 당신의 종들에게

냉수 한 그릇 주어 타는 목을 축여 주듯,

저희 영혼의 목마름도 해갈하여 주옵소서   † 아멘

♣ 아름다워라, 나의 사랑. 아름다워라,
비둘기 같은 그 눈동자. (아 1:15-16)

아름다워라, 사랑스러워라

주님, 며칠 동안 어찌나 웃었는지
주름이 두 개나 늘었어요
아무리 참으려 해도
계속 웃음이 터져 나와요
아마도 전 웃기 위해서 태어났나 봐요
다른 이들도 잘 웃기고
저도 잘 웃지요
하루라도 웃지 않으면
좀이 쑤셔서 못 살아요
한 번 우스갯말을 시작하면
멈춰지지 않아요

때로는 실없는 사람처럼 보여

자제하려고 하는데도

자꾸 웃음이 나는 걸 어떡해요?

당신께서 아브라함이

백 세에 아들을 낳을 거라고 말씀을 전하셨을 때

그가 땅바닥에 엎드려 웃은 것과는

전연 딴판의 웃음이에요

주님, 저는 아무래도 웃음거리를

일부러 찾고 있는지도 몰라요

가족의 얼굴들만 보아도 괜히 웃음이 나요

코가 납작해서

눈이 작아서

주걱턱이어서

이마가 세모꼴이어서 웃는 게 아니에요

어떻게 하나같이 다 다른 얼굴일까 생각하며

빚으신 당신의 솜씨를 생각하며 웃는 거예요

하나씩 뜯어보면 예쁘지 않은데

다 맞춰 놓으면 그럴 듯해서

깔깔 웃는 거예요
아름답고 사랑스러워서요

주님, 제 얘기 들어보실래요?
저는 오랫동안 백 명이 훨씬 넘는
남들과 어울려 살았잖아요?
개성이 다르고 존재양식이 다른데도
한 공동체를 이루며
각성받이끼리 다른 핏줄끼리
한솥밥 먹으며 산 것이
너무 신기해서 웃는 거예요
쌈박질하면서도 얼굴을 맞대고
언니 동생 오빠 엄마
아들 딸 아빠라 부르는 게
너무도 재미있어 웃는 거예요
비록 같은 핏줄끼리라도
조화스러운 만남은 쉽지 않거든요
아름다운 삶을 보면 즐거워서 웃어대요
그런데 왜들 신경 곤두세우며

남의 단점을 찾는 데 혈안이 돼 있는 거죠?

전 한 사람 한 사람 다 사랑스러워요

실수해도 귀엽고요

잘난 척할 때는 더 귀여워요

들어 주면시 시랑스러워요

안 변하는 것도 신비이고요

조금이라도 변하면 예뻐요

역시 당신은 인간을

걸작품으로 만드신 게 분명해요

하지만 제가 제일 웃겨요

당신도 저 때문에 계속 웃으시잖아요?

이것을 공개하면 세상 사람들은 저를

바보라고 놀리겠죠?

당신께서 그만 좀 웃기라시던

어느 날 밤의 그 사건 하나,

다시 상기하며

함께 웃으시지 않으실래요, 주님?

전 옛날부터

용돈을 은행에 맡기지 않는 버릇이 있지요

물론 통장에 넣을 만큼 큰 액수는 아니지만요

새벽기도 끝난 후

얼마 안 되는 그 돈을 꺼내서

세어 보는 게 취미예요

제깐에는 거창한 계획을 세우지요

누구 생일, 아무개 졸업,

누구네 결혼, 아무개네 출산……

선물비를 따로따로 봉투에 넣어 놓고

돈이 좀 남으면 안도의 한숨을 쉬고

잠자리에 들곤 하지요

달빛이 엄청나게 쏟아지던 날 밤,
별들도 덩달아 빛을 선물하던 날 밤,
봉투마다 돈을 나눠 놓다가
전 그만 소스라치게 놀랐지요
봉투 하나에서 전혀 예기치 않은
돈이 쏟아진 거예요
필경 제가 언젠가 넣어 놓고
까맣게 잊어버린 것이겠죠
그런데 왜 그리 반갑던지요!
복권이라도 당첨된 듯
"아, 주님, 당신이 보내셨죠? 저 횡재했어요.
제 은행이 수지맞았어요."
하며 춤을 췄지요
이 때 당신의 웃음소리가
귀청 떨어지게 들려왔어요
저는 당신 때문에 웃고
당신은 저 때문에 웃으셨죠

밤새 저는 까르르 까르르

방바닥을 구르며 웃어댔지요

너무 감사해서요

누구에겐가 보낼 것이 마련돼서요

주님, 그 날 밤,

웃으면서 들여다본 거울 속의 제 얼굴,

그 얼굴은 영락없는 바보의 얼굴이었어요

하지만 그 날 새벽만은,

제 얼굴이 사랑스러워 보였어요

주님, 당신께서도

그 날만은 잊지 못하실 거예요

아, 제가 아는 사람들

모두의 얼굴이 아름다워요

귀엽고 예쁘고 사랑스러워요

당신이 만드신 얼굴들이니까요   † 아멘

♣ 이렇게 해서, 우리는 주님과
같은 모습으로 변화하여, 점점 더
큰 영광에 이르게 됩니다. (고후 3:18)

영광에서 영광으로

세상의 많고많은 길 중에서
가장 '작은 길'을 택하게 하신 주님,
하나님의 이름으로
세상에서 악을 극복할 수 있는
오직 하나의 길,
당신이 지나가셨던 그 작은 십자가의 길로
저희를 불러 주신 것을 감사합니다
아무 자격 없는 저희를 부르시어
덕을 쌓도록 인도해 주심을 감사합니다
격정을 다스리고 나쁜 성향을 억누르며
끊고 버리고 비우게 해 주심을 감사드립니다

그러나 저희는

죽음에서 삶으로 건너오며

살 길을 발견했다는 기쁨만으로 만족했습니다

잘못을 찾아 고칠 생각은 하지 않고

'햇수만 채우다 보면

언젠가는 성령께서 해 주시겠지.' 하며

불성실과 게으름 속에 빠져 있었습니다

오 주님,

변화되기를 원합니다

존재가 변형되기를 바랍니다

거룩으로 옮겨가는 성변을 원합니다

완전히 뒤집어지는 전변을 소망합니다

철저하게 바뀌는 완변을 바랍니다

현존하시는 변화의 영을

저희에게 부어 주소서

점점 더 큰 영광으로 이르게 하시는 주님,

당신의 영광을 바라보며 감사합니다

저희 안에 있는 모든 것은

존재해야 할 이유가 있고

저마다 깊은 의미를 지니고 있으며,

비록 겉으로 보기엔 여전히 악하다 하더라도

변화될 수 있음을 확신하게 해 주시니 감사합니다

당신의 영광의 빛은 저희의 가시덤불 안에서

저희의 약점과 상처 안에서

또록또록 빛날 수 있음을 감사합니다

성령 안에서 당신을 통하여

만물을 굴복시킬 수 있는 권능으로

저희의 비천한 몸을

당신의 영광스러운 몸과 같은 모습으로

변화시켜 주실 줄 믿고 감사합니다

하나님의 형상을 상실했던 지난 날을
애통해하며 회개하게 해 주소서
오 주님, 자비를 베풀어 주소서
이제 당신의 현존체험을 통하여
당신이 말씀으로 이미 와 계셨음을
알아뵙게 해 주소서
당신을 뜨거운 감동으로 모셔들여
일치하는 기쁨을 누리게 해 주소서
마침내는 그리스도 예수의 부활 생명력을 얻어
한탄에서 감사로 건너가
당신이 어떤 분이심을 알리게 해 주소서
길 떠난 저희가 다시는 주저앉지 말게 하시고
당신과 같은 모습으로 변화하여
영광에서 영광으로
옮아가게 해 주소서　✝아멘

♣ 인자는 섬김을 받으러 온 것이 아니라
섬기러 왔으며, 많은 사람을 위하여
자기 목숨을 대속물로
내주러 왔다. (마 20:24-28)

사랑의 극치, '섬김'

많은 사람을 위하여 몸값을 치르러 오신 주님,
저희의 몸값으로 당신은 목숨을 내어 놓으셨습니다
인간을 섬기러 오심만도 충격이온데
하나밖에 없는 몸을 선뜻 아낌없이 주시오니
충만한 사랑의 극치이옵니다
사랑의 계명, 섬김의 도를
몸소 가르치시고 실천해 보이신
인류 최고 최대의 스승이십니다
주님, 남을 섬김으로써 위대하게 되고
종이 됨으로써 으뜸이 되는
길로 인도해 주시옵소서

죄인인 저희를 위하여
목숨을 대속물로 내주러 오신 주님,
당신은 그 고귀한 목숨을 바쳐
저희들을 구원하셨습니다
당신의 희생은 언제나 능동에 머무셨습니다
그러하오나 저희는 항상 수동에 머물며
능동으로 건너가지 못합니다
그 선을 넘지 못하고
걸핏하면 쓰러집니다
수동에서 시작된 저희의 삶은
줄곧 사랑받고, 용서받고
도움 받고 섬김 받습니다
사해와 같이 받기만 하기에
생의 의미를 체험하지 못합니다

주님, 섬기러 오신 주님,
이제 저희도 인간의 최고 성취인 능동으로
건너가게 해 주시옵소서
그리하여 당신과 함께

고난 후의 영광을 누리게 해 주시옵소서
아버지 하나님을 경외하고
진심으로 사랑하고 섬기기를 바라시는 주님,
당신은 그것을 첫째 계명으로 삼으시고
공생애 동안 줄곧 가르치셨습니다
실상 하나님 아버지께는
인간의 섬김이 필요치 않으심을 압니다
오히려 아버지께서는 섬기는 저희에게
영원한 생명과 영광을 선물로 주십니다
아울러 당신을 섬기는 저희에게

은총도 부어 주십니다

또한 선하시고 자비로우신 아버지를

항구하게 섬기는 이들을

영광의 빛 안에 살아가게 해 주십니다

주님,

당신을 따름으로 섬김을 배우고

아버지 하나님을 섬김으로

비로소 한 인간이 되는

길로 인도해 주시옵소서 †아멘

♣ 누구든지 제 목숨을 구하고자
하는 사람은 잃을 것이요,
누구든지 나와 복음을 위하여 제 목숨을
잃는 사람은 구할 것이다. (막 8:34-37)

생명의 휘파람을 불며

위타실존을 살아 내신 주님,
당신의 삶은 '더불어 사는 삶' 이요,
'위하는 실존' 이셨습니다
남을 위하여 몸 바치시며
어떤 인간 차별도 없이
꼴찌에서부터 시작하는 실존이셨습니다
성부께서 원하시는 그대로
인간들을 만나려고 당신 밖으로 나오셔서
인간을 섬기는 삶이셨습니다
당신의 삶에서 펼쳐 나오는 명확한 결론,
사랑과 포용과 용서와 기쁨을

본받게 해 주십시오

자신을 위하여 무언가를 따로 남겨 놓지 않고,

동시에 남을 위하여 무엇이든지 다 하신

그 삶을 본받고 싶습니다

겉으로 보기에는 십자가의 죽음이

약함을 드러낸 듯 하지만,

고스란히 자신을 다 바치신

진정한 자기실현임을 믿습니다

죽는 것이 더 큰 성취 속에 살기 위한

조건임을 깨닫게 해 주십시오

죽는다는 것은 목숨을 잃음이 아니라

얻음을 뜻한다는 사실을 알아차리게 해 주십시오

위타실존을 살아 내신 주님,

당신을 따르는 자들에게

자신의 생명을 버리라시는 주님,

생명의 휘파람을 부시며

어둠을 무찌르고 이기신

당신의 승리에 참여하고 싶습니다

당신의 길에 용감히 따라나서서

당신이 가신 대로 따라가고 싶습니다

당신을 따라 걸으며

영원한 생명으로 나아가는

십자가의 길을 끝까지 걷고 싶습니다

당신께서 지니셨던 그 마음을 지녀

날마다의 십자가를 지고 고난의 길을 걸을 때

생명의 휘파람이 저희 영혼에서
저절로 솟아나게 해 주십시오
죽는다는 것은 생명을 잃음이 아니라
얻음을 뜻한다는 사실을
기억하게 해 주십시오   † 아멘

♣ 주께서 해 주신 모든 일을 하나하나
되뇌고, 주께서 이루신 그 크신 일들
깊이깊이 되새기겠습니다. (시 77:11—14)

당신을 처음 만난 날

아버지, 제 얘기를 또 듣고 싶으시다고요?

지난 일들을 더듬으라시는 것이죠?

당신이 제게 오셔서 저를 처음 만나 주신 날,

손으로 말씀하신 그 날을 회상하고

그 날의 감격을 되새기라고요?

당신의 크신 힘을

제가 어찌 잊겠어요, 아버지?

과거를 돌아보지 못하게 하시던 당신께서

요즘은 자주 "네 이야기 좀 들려 주련?"

말씀하시는 까닭을 저는 알아요

당신께서 제게 처음 오신 날,

제가 당신을 찾기 전, 당신이 저를 만나러 오신 날,
그 날의 은총을 회고하는 일이
당신께 영광이 된다는 것을
잘 알고 있어요
당신만큼 위대하신 신이
어디 또 있겠어요, 아버지!

그럼, 이제부터 옛 이야기를
시작하겠습니다
그 날의 그 감동이 진하게 되살아나
당신도 저도 콧잔등이 시큰해지도록
그러나 너무 떠벌여
없는 상황 덧붙이지 않도록
당신의 영을 보내 주시렵니까?
저의 병명이
위암 십이지장암 임파암으로 확정된 날 밤,
저는 거의 미친 듯이 울부짖었죠
왜 하필이면 제가
죽음의 고통을 받아야 하느냐고

대답 좀 해 보시라고 절규했지요
이유나 알고 고통을 받으련다고
으름장을 놓으며 소리를 질렀지요
"하나님, 저는 당신의 전지전능을 믿습니다
그렇다고 꼭 살려 주십사는 것 아닙니다
다만 거의 사십 평생
육체의 질병을 앓아온 저로서는
어떤 죄가 저를 이 스산한 죽음의 계곡으로
데리고 왔는지 알고 싶습니다.
도무지 죄의 심각성을
깨닫지 못하겠습니다
제가 보기에 저보다 훨씬
죄를 더 많이 짓는 사람들은
건강하고 편안하게 사는 것이
이해가 되지 않습니다
저를 설득해 주십시오
제가 더 큰 죄인임을."

사랑하는 아버지,

저는 이 대목에 이르면 지금도 가슴이 벌렁벌렁,

다시 그 날을 사는 현장감각에

즉시 사로잡힙니다

꼬박 스물네 시간,

불면과 압통으로 어둠을 찢고

머리칼 쥐어 뜯고 온몸을 벽에 부딪치던

한 마리 아둔한 짐승,

저의 모습이 떠오릅니다

침묵하시는 당신이 야속해서 더 크게 울부짖었지요

감히 무죄까지도 주장하며

온갖 추태를 다 떨고 있었지요

피를 한 종지쯤 토한 새벽,

저는 통곡하며 또 덤벼들었지요

"제 통곡을 못 들으셨나요?

여지껏 대답하시지 않는 것을 보니

당신은 지금 세상에 안 계시군요.

당신을 사랑이시라고 고백한 제가 잘못입니다.

당신은 살아계시다고 증거한 제가 어리석었습니다.

당신을 정의의 하나님으로 믿은

제가 잘못입니다.

제 절원을 이토록 무참하게 뿌리치시다뇨!

제 몸이 아파 죽는 게 아니라

당신께 버림 받아 죽어가고 있습니다.

저의 어떤 죄가

저를 죽음으로 몰아가는 것입니까?

어서 한 말씀만 해 주십시오."

아, 아버지, 지금도 진땀이 납니다

아무리 고래고래 소리를 질러도
아무리 애원하며 흐느껴 봐도
아무리 싹싹 빌며 용서를 청해도
당신의 굳게 다문 입은 요지부동이셨습니다
절망이었습니다
하늘이 보이지 않았습니다
사람도 땅도 보이지 않았습니다
제 자신마저도 보이지 않았습니다
차라리 죽는 편이 낫다는 결론을 내렸습니다
마침 그 때,
조선백합 50송이가 선물로 왔고
향기에 의한 질식사를 시도했습니다
'하나님의 침묵',
제 유언에 적힌 자살 이유였습니다
백합꽃에 코를 박고
향기에 중독되어 숨이 넘어가고 있었습니다
위기일발이었습니다
죽음에 실려가고 있던 어느 순간,
당신은 비로소 침묵을 깨뜨리셨습니다

말문을 여신 것입니다

그런데 그 말문은 당신의 입에 의해서가 아니라

당신의 손에 의해 열렸습니다

당신 손이 말씀하셨습니다

당신은 보이지 않는 억센 손을 내미셔서

제 목덜미를 나꿔채셨습니다

가물가물하던 영이 삽시간에 살아났습니다

방바닥으로 나동그라지며

죽음 한복판까지 따라오셔서

전격적으로 제 생에 개입하신 당신께

도대체 누구시냐고 반문했습니다

제가 어찌 당신의 기적을

잊어버릴 수 있겠습니까, 아버지?

저는 그로부터 일주일 동안

백합꽃 향기를 토해 내고

당신 손이 하신 말씀을

해독하려고 노력했습니다

"죽으려 하지 말고 회개하여라."

당신은 분명히 당신 손으로 제게 말씀하셨습니다
당신을 처음 만난 닐 밤

아, 그렇습니다, 아버지,
당신은 직접 말씀하시기도 하지만,
저희 귀로 들려오는 말씀이 아닙니다
귀로 당신 말씀을 들었다는 것은
얼마나 과장된 말인가 곧 알 수 있습니다
당신은 에둘러 말씀하십니다
상징으로 말씀하십니다
보여지는 말씀인 성만찬을 통하여
선포되는 말씀을 통하여 말씀하십니다
미소, 일, 손, 포옹, 상찌푸림, 꾸중, 형제의 죄, 저의 악을
언어로 치환하는 연습을 열심히 해야 하겠지요?

저는 당신 손의 위력을
또 느끼고 싶어
한 번만 더 손으로 말씀하시라고
졸라댔지요

어느 날 십자가 앞에

앉아 있는 저에게

당신의 보이지 않는 손이 찾아왔습니다

제 두 손을 모아 주었습니다

지남철에 못이 달라붙듯

왼손 오른손 척척 붙었습니다

그 두 손은 두 시간 이상 붙어 있었습니다

힘센 두 사람이 떼는 데 삼십 분 가량 걸렸습니다

"너는 이미 나를 만졌다."

그 날 오후, 당신은

손으로 다시 말씀하셨습니다

그 후 두 번 다시 당신은

손으로는 말씀하시지 않았습니다

그러나 저는 당신의 행적을 하나하나 되뇌며

당신의 이름을 높이 기립니다

당신의 말씀은 영원하시옵니다

당신의 손을 제게서 떼지 마소서!　✝아멘

♣ 그런데 내게는 우리 주 예수 그리스도의
  십자가밖에는, 자랑할 것이
  아무것도 없습니다. (갈 6:14)

큰 것 고르면 작아지는 십자가

저 위하여 십자가를 지시고
십자가 위에서 죽으심으로써
고귀한 생명을 버리신 주님,
당신의 십자가 외엔
이 세상에 자랑할 것이 없나이다
구원과 영생의 십자가,
완덕의 극치와 충만한 거룩이
속속들이 결집된 십자가,
사탄의 공격을 막아 물리치는
병기가 되는 십자가,
그 십자가를 자랑하고 또 자랑하나이다

모든 것이 십자가에 있고
평화의 길, 생명의 길이
곧 십자가의 길임을 믿나이다
기쁘게 십자가를 지고 갈 때
십자가가 저를 지고
그 나라로 인도하리라 믿나이다
십자가밖엔 살 길이 없음을
확실하게 믿나이다
그러하오나 그리스도이신 당신을
영원한 동시대인으로 보는 시각이
정확하지 못하여
당신께서 주신 그 십자가의 실재를
오늘 지금 여기서 현재화하지 못하여
제 죄가 당신을 십자가에 못박았다는
처절한 고백을 하지 못하고 있나이다
주님, 저희는 아직 멀었나이다
당신으로 말미암아,
제 쪽에서 보면 세상이 죽고
세상 쪽에서 보면 제가 죽는

삶을 살지 못하나이다

자애심과 자기중심주의가 시퍼렇게 살아

딱지 덜 떨어진 존재로

십자가와 상관 없는 삶 속에서

죄를 지었나이다

당신의 십자가밖에는

자랑할 것이 없다고 말하면서도

정작 저희는 지나치게 자신의 능력과 장점을

그리고 가진 것만을 자랑하나이다

당신께서 실제로

십자가에 못박혀 죽으신 사실을 묵상하며

십자가의 상징을 살아 내게 해 주옵소서

주님, 당신 추종의 요건이

십자가 짐의 삶이라고

분명하게 말씀하시오매

오늘 여기서 제 십자가를 지게 하옵소서

아버지의 뜻을 이뤄드리기 위해

고난 속에 감춰진 영광을 미리 보며

그 무거운 저의 죄짐인 십자가를

가볍게 자원해서 지신 당신을,

홀로 기쁘게 지고 가신 당신을,

뒤쫓아가게 해 주옵소서

핏빛 목숨의 버림이

영원한 생명의 얻음을 가져온

사랑의 기적을 믿게 해 주옵소서

영원을 위해 순간을 이기며

한량없이 큰 것을 위해 일시적인 것을 희생하며

내적 인간을 위해

외적 인간을 벗게 해 주옵소서

십자가의 죽음만이 부활로 이끄는 열쇠임을

깨닫게 해 주옵소서

주님,

십자가의 신비를 올바로 이해하게 해 주옵소서

기쁘게 지면 가벼워지는 십자가,

큰 십자가 고르면 작아지는 십자가,

남의 십자가 져 주면

당신께서 모두 져 주시는 십자가,

거기 흘리신 보배피로

온갖 죄를 다 씻어 주시고

다시 살려 주시는 십자가,

죄를 의로 바꿔 주는 그 십자가,

우리의 영혼 상태에 따라

늘어나기도 하고 줄어들기도 하는 십자가,

사랑의 완성으로 인도하는 십자가,

참 자아와 참 생명을 탄생시키는 십자가,

낙원의 문을 활짝 열어 주는 십자가,

그 십자가의 신비를 밝히 보여 주옵소서

그리스도의 남은 고난을 채움으로써

십자가 뒤의 부활의 기적을

미리 맛보게 해 주옵소서 † 아멘

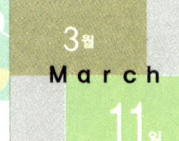

만물 안에서 만물을

부활의 능력을 떨치시는 하나님,

당신은 먼저 아드님 예수를

죽은 자들 가운데서 살려 내시고

당신 나라에 불러올리심으로써

천상천하의 모든 권력자들을

무색케 하셨습니다

지배의 능력, 통치의 능력,

완성의 능력, 그리고 심판의 능력을

그리스도 예수에게 주신

당신을 찬양하며 영광을 드립니다

저희도 그리스도 예수에게 주신 그 능력에 힘입어

죽음을 이기고 다시 살아
당신 나라의 백성이 되어
부활의 옷을 입고
당신 사랑의 능력 안에서
영원토록 살아갈 것임을 확신합니다

절대충만의 능력을 발휘하시는 하나님,
당신은 아드님 예수의 발 아래
만물을 무릎꿇리셨으며
교회의 머리로 삼으심으로써
이 세상 만물을 다스리게 하셨습니다
만물 안에서 만물이 충만케 되는

체험을 할 수 있도록 허락하셨습니다

구원의 능력,

한몸 되게 하심의 능력,

거듭남의 능력,

그리고 영생의 능력을,

그리스도 예수에게 주신 당신을

찬송하며 영광을 드립니다

저희도 그리스도 예수에게 주신

그 능력에 힘입어

중생의 은혜 가운데 주님과 하나되고

마침내 그리스도의 충만에 당도하여

당신의 부활 능력 안에서

영생의 기쁨을 얻을 것임을 확신합니다   † 아멘

♣ 하나님이 땅을 보시니, 썩어 있었다.
살과 피를 지니고 땅 위에서 사는
모든 사람들의 삶이
속속들이 썩어 있었다. (창 6:11-12)

속속들이 썩었어요

아버지, 저는 오늘 종일 홧병을 앓고 있습니다

사건의 연속이었습니다

두유 하나가 온통 썩어서

옆구리를 뜯자마자 악취를 풍겼습니다

소비자 고발센터에

전화할 마음조차 안 생깁니다

단무지 하나도 곰팡이가 슬어

쓰레기통으로 들어갔습니다

초인종 누르기 귀찮아서

현관문 아래 밀어 넣은 우편물들이

빗물에 젖어

중요한 편지와 사진들이
그 형체를 잃었습니다
선물로 받은 건강식품 한 병은
유효기한이 훨씬 지나
가루들이 썩어 엉겨붙었습니다
제조날짜를 살짝 지워 버린 후
저희 집에 보내온 약들이 색깔이 변한 채,
병 속에서 몸살을 앓고 있습니다
오늘 한꺼번에 썩은 것들이 발견되어
머리가 지끈거립니다
썩은 것을 판 상인들에게,
책임감 없이 편지를 던진 집배원에게,

못 먹을 약을 선물한 이웃에게,
은근히 화가 치밀어 오릅니다

아버지, 게다가 벌써 며칠째
비가 펑펑 쏟아지고 있습니다
보슬비가 아니라 장대비입니다
울분을 삭히기 위해서 망창을 열고
얼굴 위로 비를 떨어지게 했습니다
순식간에 머리와 얼굴이
새앙쥐처럼 되었습니다
감기들까 봐 몸사리며
창문을 닫고 돌아서는 순간,
노아의 홍수가 생각났습니다
당신께서 땅을 보시니 썩어 있었다고요
살과 피를 지니고 땅 위에서 사는
모든 사람들의 삶이 속속들이 썩어 있었다고요?

아버지, 식품이, 선물이 문제가 아닙니다
살과 피를 지닌 제 자신이 문제입니다

식품이나 약품이 썩은 것은 안 먹고

버리면 되지만 저라는 썩은 인간은

어디에 버릴 수도 없습니다

육십 노파를 주워갈 자, 누가 있겠습니까?

영혼 마디마디 썩어 온전치 못한

저를 생각하며 가슴을 칩니다

썩은 일 하다가 썩었고, 썩은 생각 하다가 썩었으며,

썩은 마음 때문에 썩은 저를

불쌍히 여겨 주시고 용서해 주십시오

"영성은 '너'를 보는 것이 아니라

'나'를 보는 것이라."고 가르치는 제가

가장 깊이 썩었음을 자백합니다

큰 죄인 하나 당신 앞에 부복하오니,

받아 주십시오

만일 이 비가 최후심판의 홍수라면

이 썩어 빠진 죄인 하나,

구원받을 수 있겠습니까?   † 아멘

♣ 그리고 제자들에게 와서 보시니, 그들은 자고 있었다. 그래서 베드로에게 말씀하셨다. "이렇게 너희는 한 시간도 나와 함께 깨어 있을 수 없느냐?" (마 26:36-41)

잠이 너무 많아요

주님, 시간이 덧없이 지나가고 있습니다
지난 주간 동안도 우리 안에
어떤 육적 원욕이 영적 원의를 거슬러
싸움을 해 이겼는지,
비천한 것을 경멸하고
명예를 탐하고 있지는 않았는지,
부정한 이득을 얻고서
즐거워하고 있지나 않았는지,
다른 이의 행복에 시샘을 불태우거나
다른 형제의 불행을 기뻐하고 있지나 않았는지,
살펴보고 있습니다

해롭게 하는 것들에서 이내 마음을 떼어
진지한 성찰로 되돌아오며
어떤 유혹에도 동요되지 않고
유혹을 쉽게 피할 수 있다는
교만에서도 벗어날 수 있도록,
그래서 자꾸 잠을 자게 하는 시험을
과감히 이겨 내도록,
인도해 주십시오

주님, 잠 마귀와 싸워 이기지 못했습니다
기도하는 시간마저도 잠 마귀가 달라붙어
명료한 의식으로 당신께 기도하지 못했습니다
열이 나고 아픈데 어떻게 하느냐고,
오늘만 날이 아니라
내일도 있지 않느냐고 합리화하면서
잠의 유혹에 여지없이 넘어갔습니다
그러느라 당신의 말씀에 귀 기울이지 못했습니다
듣기는 들었으나 건성 들었습니다
듣고도 다른 일에 정신이 팔려

그 말씀을 제게 적용하지 않았습니다
역경은 역경대로 우리에게 시험이 되고
순탄하면 순탄한 대로 유혹에 잘 빠지며
저희가 원하는 것들을 가지고 있지 못하거나
주어진 것들이 너무 풍족하거나
모두 유혹의 대상이 되곤 합니다
긍휼히 여기시고 용서해 주십시오

우리의 죄를 위하여
피땀을 흘리시며 겟세마네에서 기도하신 주님,
당신의 기도소리가 이천 년이 지난 오늘도
저희 귀에 쟁쟁하게 들려옵니다
밤 깊도록 동산 안에서
큰 근심과 번민에 싸여 기도하신
당신을 생각하며 눈물 흘립니다
당신의 제자들은 단 한 시간도
깨어 있지 못했습니다
당신을 사랑한다면서 졸졸 따라다녔던
애제자들이었지만,

사랑하는 주님께서 맞으셔야 할

십자가의 고통을 몰랐습니다

저희도 마찬가지입니다

눈 앞에 보이는 가장 사랑하는 사람의

아픔조차도 함께 나누지 못하며

쿨쿨 잠만 자는 저희들입니다

하물며 안 보이는 당신의 십자가의 고통 앞에서

어찌 깨어 있을 수 있단 말입니까?

주님, 이 잠 많고 자기 하나밖에 모르는

참으로 극악한 죄인을

용서해 주십시오

주님, 당신은 당신과 함께 깨어 기도하기를
제자들에게 바라셨습니다
당신이 곧 마시기로 되어 있는 고난의 잔을
아버지께서 거둬 가시기를 원할 정도로
괴로움 속에 휩싸여 계셨습니다
그러나 마침내 당신은
아버지의 뜻에 모든 것을 맡기셨습니다
저희는 고난의 잔을 모조리 피하고 살아갑니다
그리고 당신이 고난 후에 받으셨던 영광만을
받고 싶어하는 욕심쟁이들입니다
당신이 마셨던 그 고난의 잔은
마시지 않고는 치워질 수 없는 잔임을
깨닫게 해 주십시오

주님, 당신은 우리가 앓을 병을 앓아 주시며
우리가 받을 고난을 겪으시기 위해
기나긴 밤을 지새우며
저희를 위해 기도하셨습니다
하지만 저희는 당신을 위하여

단 한 시간도 깨어 있지 못합니다
당신은 폭행을 저지른 일도 없고
입에 거짓을 담은 적도 없으셨건만
저희의 악행과 반역죄 때문에
그 모든 고난을 감내하셨습니다
당신을 때리고 으스러뜨린 저희들은
당신의 죽음으로 인하여 살아나
이제 구원 안에서 영생을 바라보는 복된 자들입니다
당신께서 추구하신 것이 죽음이 아니라
하나님나라임을 깨달아
스스로 목숨을 바치신 당신의 사랑의 삶을
닮아가게 해 주십시오
당신의 사랑과 헌신과 용서를
저 십자가에서 보게 해 주십시오
오 주님, 이 잠 많고 게으르며
자기 하나밖에 모르는
참으로 패역한 죄인을 용서해 주십시오   †아멘

♣ 나의 아버지, 내가 마시지 않고서는
이 잔이 내게서 지나갈 수 없는 것이면,
아버지의 뜻대로 하십시오. (마 26:42-46)

예수님의 호칭 기도

주님, 계절의 향기가

봄바람을 타고 퍼지고 있습니다

아침과 밤엔 늦겨울의 매운 기가

아직 남아 있어도

한낮의 태양열은

봄 향내를 피우며 확산됩니다

어길 수 없는 당신의 섭리를 절감합니다

벌써부터 나른해집니다

보통 때도 깨어 있지 못하고

기도할 때는 더욱 정신이 흐리멍텅해집니다

하루에 한 시간도 기도에 집중하지 못하는

큰 죄인들입니다

주님, 저희는 말과 행위 그리고 삶 속에서
당신의 뜻을 먼저 생각하지 못합니다
저희 주장과 뜻대로 말하고 행동하고 나서
교활하게 당신의 뜻대로 사는 것처럼 합니다
당신의 뜻대로 이뤄지길 바라는 마음 없이 기도하며
저희 뜻대로 이뤄지지 않을 때
쉽게 낙심하고
기도해도 소용없다는
불평을 늘어 놓습니다
겟세마네에서 당신은
괴로워 죽을 지경이라고 말씀하셨습니다
당신의 심경을 전혀 이해하지 못한 제자들처럼
저희도 형제들의 입장을 전혀 고려하지 않고
자신이 편하고 좋은 대로 행동합니다
그러니 십자가에 달리신 당신의 고통을
어찌 헤아릴 수 있겠습니까?
십자가를 가슴으로 바라보지 못하여

냉랭하고 무덤덤한
매일 그 타령의 삶을 사는 죄인들입니다
이 죄인들을 불쌍히 여겨 주시옵소서

아버지의 거룩하신 뜻만을 여쭤 보고
그 뜻대로만 사신 주님,
당신의 거룩하신 삶,
당신의 영광스러운 죽음을 묵상하며
형언할 길 없는 십자가의 은총과
고난의 영광 앞에 고꾸라집니다
아버지 하나님의 뜻이 이루어지기만을 바라신
당신의 생은 충만 그 자체입니다
오, 주님, 영광을 받으시옵소서

주님, 틈만 나면 아버지 앞으로 나아가
날마다 원하시는 뜻이 무엇인가 알아 내신 주님,
당신은 무엇을 아버지께 구해야 하는지
분명하게 보여 주셨습니다
당신께서는 아버지의 일과

사람의 일을 구별하셨습니다
아버지의 일을 성취하는 데 필요한
아버지의 계획과 뜻을 찾아 내어
오직 아버지께서 원하시는 삶을 사셨습니다
오 주님, 존귀를 받으시옵소서

아버지께서 말씀하시는 일을
아버지의 때에 실현시키시는 사명에만
집중하신 주님,
당신은 아버지의 때에

아버지의 방식으로 일치시키기 위해
전생애를 다 바치셨습니다
사람의 방법이 가져다 주는 참혹한 결과를
너무 많이 보아온 저입니다
겉으로는 이뤄진 듯하지만
아버지의 뜻과는 너무 거리가 멀고
동떨어진 상황이 전개된 것을 보고
개탄하고 있습니다
아버지의 뜻대로 이뤄지이다!

고난의 잔 앞에서 인간적 고뇌를 하신 주님,
당신도 인간만이 가질 수 있는
인성을 지니셨음을 보여 주셨습니다
다만 한마음으로 단순하게 집중하신 호칭기도,
"오직 아버지의 뜻대로 하소서."만을
줄곧 되풀이하십니다
아버지의 뜻대로 이뤄지기만을
간절히 바라십니다
당신이 맞으실 십자가의 죽음이

아버지의 뜻임을 긍정하십니다
당신께서 그 십자가를 지심이
아버지의 일임을 믿으셨습니다
오 거룩하신 주님,
당신은 아버지의 뜻대로만 사셨습니다

고난의 잔 앞에서 깨어 기도하신 주님,
마음은 간절하나 말 안 듣는 연약한 육체를 지니신
사람의 아들이심을 당신은 보여 주셨습니다
하오나 곯아떨어진 제자들 틈바구니에서
아버지의 뜻을 여쭤 보시며
땀구멍에 피가 맺힐 정도로
기도하고 기도하십니다
"내 뜻대로 마시고 아버지의 뜻대로 하소서."만을
필사적으로 반복하십니다
당신이 마셔야 할 고난의 잔이
아버지의 뜻임을 시인하십니다
당신께서 그 십자가에 못박히심이
아버지의 방법임을 믿으셨습니다

유월절 어린양이 되시는 때가
바로 아버지의 때임을 새록새록 확신하셨습니다
오, 사랑이 넘치시는 주님,
당신은 마침내 아버지의 뜻을 실현하셨습니다
저희의 삶과 죽음에서도
아버지의 뜻만이 온전히 이루어지이다! ✝ 아멘

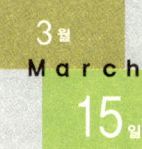

♣ 그들이 다그쳐 물으니, 예수께서 몸을
일으켜, 그들에게 말씀하셨다.
"너희 가운데서 죄가 없는 사람이 먼저
이 여자에게 돌을 던져라." (요 8:1-11)

누가 더 큰 죄인인가?

주님, 만일 당신의 자비와 연민이 없다면
저희들은 지금 무엇이 되어 있을까요?
주님, 당신의 용서하심이 없다면
지금쯤 저희들은 어떤 모습일까요?
당신의 용서하심과 사랑하심을 생각하면
언제고 눈물이 주르르 흐릅니다
흙에서 온 몸, 흙으로 돌아갈 줄 알면서도
또 죄를 지었사오니 부끄럽고 부끄럽습니다
저희도 용서받은 죄인이면서
형제를 용서하지 못합니다
용서하겠다고 입술로만 고백하고

실제로는 용서하지 않습니다
용서가 사랑의 극치인 줄 알면서도
용서하지 못하여 화해하지 못했습니다
주님, 저희의 죄를 용서해 주십시오

주님, 용서의 주님,
저희는 자신이 저지른 죄는 금방 잊어버리고
형제의 죄는 오래 기억하며
두고두고 앙심을 품습니다
의인의식만 있을 뿐,
죄인의식은 없습니다
죄와 죄인을 구별하지 못하여
죄인까지 미워하는 죄를 짓고 삽니다
자신의 죄는 남이 알까 쉬쉬하면서
남의 죄는 너무 쉽게 단죄합니다
아무리 큰 죄를 지어도
당신은 용서해 주신다는 것을
악용하고 살아갑니다
주님, 이런 죄인도 구원받을 수 있나요?

누구든지 죄 없는 사람이
먼저 돌로 치라고 말씀하신 주님,
허물 없는 자만이
남의 허물을 논할 수 있다고 말씀하시니
양심이 찔려 눈을 둘 곳이 없습니다
저희들은 그동안 죄없는 사람인 양,
많은 형제들에게 돌을 던졌습니다
비난을 취소하라시는데도 불구하고
저희들은 계속 흠잡고 비난했으며
큰 죄인인 것처럼 따돌리기가 일쑤였습니다
마치 죄인 앞에 선 재판관처럼
볼썽사납게 행세했습니다

누구든지 죄 없는 사람이
먼저 돌로 치라고 말씀하신 주님,
당신께 올가미를 씌워 트집을 잡으려던
바리새파에게 침묵으로 대응하시며
마침내는 땅바닥에 무엇을 쓰심으로써
깨우침을 안고

죄인의식을 가지고 돌아가게 하신

당신의 지혜와 사랑에 감탄합니다

또한 간음녀에게는

두 번째 개선의 기회를 주시며

은총과 존엄성으로 초대하시며

감화시켜 주시니 놀랍습니다

먼저 사죄의 은총을 베푸시고

스스로 회개함으로써

철저하게 자유의지를 발휘하기를 바라십니다

당신이 그녀에게 주신 자유는

내적 속박들로부터 해방되는

거룩한 자유입니다

당신과 진정한 관계를 맺을 수 있는

거룩한 자유입니다

하나님의 자녀가 될 희망을 안을 수 있는

거룩한 자유입니다

회개하기도 전에 미리 용서받게 하시며

현행범으로 무력한 죄인을 치유해 주신 당신은

진정한 주님이십니다

죄를 묻지 않겠으니
다시는 죄를 짓지 말라시는 주님,
당신의 이 말씀을
쉬운 용서라고 생각하지 말게 하시고
경고의 전주곡으로 알아듣게 해 주십시오

주님, 자비로우신 주님,
당신은 누가 더 큰 죄인인가를 말씀해 주십니다
죄를 안 지을 수 있는 기회와
자유와 의지가 주어져 있는데도
구태여 죄를 짓는 자유를 선택하는 사람이
더 큰 죄인이라고 말씀하십니다
용서받은 감격과 기쁨을 체험하고도
까맣게 잊어버리고
죄사함 받은 기억이 전혀 없는 사람처럼
똑같은 죄를 짓는 죄인을
더 큰 죄인이라고 부르십니다
십자가, 천국에 대한 설교를
누구보다도 많이 듣고

어떻게 해야 구원받는지 알면서도

죄를 피하지 못하는 사람,

은총 중에 거하며 사랑의 계명을 지키는 것처럼

가르치고 설교하지만

실은 더 흉악한 죄를 짓는

스승이며 지도자가

더 큰 죄인임을 가르쳐 주십니다

가증스러운 죄인의 무리에서만은

탈출할 수 있는 은총과 복을

부디 내려 주십시오

내가 이 세상에서 가장 큰 죄인임을

진심으로 가슴 깊이 고백할 때

이미 당신의 사유의 은총 안에

머물러 있는 것임을

영혼 한가운데 각인해 주십시오   † 아멘

♣ 내가 구원의 잔을 들고,
주님의 이름을 부르겠습니다. (시 116:12-14)

무엇으로 다
갚을 수 있겠습니까!

아무리 해도 다할 수 없는 의무가

사랑이요,

아무리 해도 다 갚을 수 없는 것도

사랑입니다

아무리 해도 다 헤아릴 수 없는 것,

그것 또한 당신 사랑입니다

당신의 은혜입니다

열 손가락 모자라서

바를 정자로 가짓수를 헤아리며

오늘 저는 만 가지 이상

당신이 베푸신 은혜를 찾았습니다
구원의 잔을 들고
당신의 이름을 부릅니다, 주님

사랑하는 주님,
은혜를 갚는다는 말 자체가 어폐가 있습니다
당신의 그 크신 은혜를
감히 어찌 갚는단 말입니까?
은혜를 받고도 은혜생활 못하고
사랑을 받으면서도
다시 죄를 짓고 있는 제가
어떻게 당신의 은혜를 갚는다는
표현을 할 수 있겠습니까?
당신이 언제 제게 빨리 은혜를 갚으라고
하신 적이 있으십니까?
마음을 돌이켜 새 삶을 살라고만 하시지요
예루살렘으로 난 창 쪽으로
고개를 돌리라고만 하시지요
새 시대에 맞는 영성을 지니라고만 하시지요

주님, 실상 당신은 제게

회개를 강요하시지 않으십니다

제가 제 죄를 고백하기도 전

이미 다 용서하셨다는 듯,

또다시 죄를 짓지 말라고만 하시지

옛날 죄는 어떻게 되었느냐,

물으신 적 없으십니다

그래서 저는 더 애가 탑니다

아직 은혜를 갚기 위하여

아무것도 하지 못했고

회개의 열매를 행위로

증거하지 못했음에도 불구하고

당신은 제가 온전한 회개를 한 양,

죄 짓기 이전처럼 아무렇지 않게

만나 주시니까요

구원이 완성된 듯,

저를 친구처럼 반겨 주시니까요

주님, 그래서 저는 더욱 송구스러워

당신의 이름을 부릅니다

당신 사랑의 비를 맞으며

당신 이름을 부릅니다

당신 자비의 바람을 맞으며

당신 이름을 부릅니다

저는 당신 이름 하나로

이 세상에서 가장 큰 부자입니다

저는 당신 이름 하나로

진정 행복한 자가 되었습니다

주님, 이 이름 하나로

어떤 고통 중에도

기쁘게 살 수 있게 되었습니다　†아멘

♣ 그것은 마치 겨자씨와 같다. 어떤 사람이
그것을 가져다가 자기 정원에 심었더니,
자라서 나무가 되어, 공중의 새들이
그 가지에 깃들었다. (눅 13:18-19)

나도 너의 나무가 되고파

주님, 작은 것을 아름답다고 하시는 주님,
겨자씨 한 알만한 믿음을 주십사고
자주 기도하는 저랍니다
그러나 그 겨자씨가 얼마나 작은지를 보고 나서
저는 깊은 충격을 받았답니다
결국 그만한 믿음이 제게 없다는 것을 발견하고
놀란 것입니다
그러나 한편 그렇게 작은 씨앗이
큰 희망의 나무가 된다니,
저는 또 한 번 놀라지 않을 수 없습니다
하나님나라를 겨자씨에 비긴 당신의 명설교가

오늘도 제 가슴에서 불꽃을 일으킵니다

주님, 당신의 말씀처럼
가장 작은 것이 아름답습니다
모든 씨앗 가운데 가장 작은 씨앗,
겨자씨에서
큰 나무가 우뚝 솟는다니,
새삼스레 겨자씨에 매혹됩니다
저희는 자주 저희 안에서
아무것도 일어나지 않는다고 한탄합니다
갖가지 덕행이
열매를 맺지 못한다고 말합니다

영적인 삶은
마치 겨자씨처럼
미소한 상태로 머물러 있습니다
그러나 언젠가는
다른 사람들이 기댈 수 있는
나무가 되리라 희망합니다
쉬기 위해 즐겨 그 그늘 아래 앉고 싶어하는
잎 무성한 나무가 되리라 희망합니다

주님, 저도 어서 자라서,
형제들이 등을 기댈 나무가 되고 싶습니다
어머니 같은 나무가 되고 싶습니다
때때로 저희는
한 사람을 위한 어머니가 되는 일을 겪습니다
제 주변에서 누군가
새 아기로 탄생합니다
그 때 그 아기는
삶에 대한 용기를 새롭게 얻습니다
어머니나무는

자기 가지에 새들이 깃들인 것을 보고
기쁨이 넘쳐
더 아름다운 어머니가 됩니다
그렇습니다, 주님,
비록 오랜 기간 동안
우리에게 아무 변화가 일어나지 않았다 하더라도
어느 순간 갑자기 다른 사람을 위한
고향 같은 나무가 될 수 있습니다
그 그늘 아래 달콤한 잠을 자고
그 그늘 아래서 꿈을 꾸는 아기들을 바라보며
영원히 어머니나무로 살리라
결심하게 됩니다

주님, 어머니가 되는 경험을 하게 해 주십시오

아름다우신 주님, 그러나 그 다음 순간,
저희는 겨자씨처럼 작고 초라한
자신을 체험하게 됩니다
희망을 갖는 다음 순간에 말입니다
이런 긴장 가운데서
하나님나라를 체험합니다
저희 자신의 경험이
겨자씨와 나무 사이를 오갑니다
오히려 미소함 가운데서도 몇 번이고 되풀이하여
언젠가는 다른 이들을 위한 큰 나무가 될 수 있다는
벅찬 희망을 안습니다
저희 안에 있는 겨자씨가
커다란 나무로 변하여
'너'의 위안이 될 수 있다는
확신을 얻게 해 주십시오   †아멘

♣ 어떤 여자가 누룩을 가져다가,
　가루 서 말 속에 섞어 넣었더니,
마침내 온통 부풀어올랐다. (눅 13:20-21)

희망하는 인간

무가치한 인간에게서
변화의 기적을 일으키시는 아버지,
위대한 능력이신 당신은
저희에게도 변형이 가능하다는
사실을 보여 주십니다
그러나 저희들의 간절한 열망에도 불구하고
특기할 만한 아무것도 일어나지 않았습니다
아직도 저희는 하나님나라에 관해서
제대로 감지하지 못합니다
여전히 그 나라를 경험하지도 못합니다
당신께서 우리 삶 속에

완전히 스며들지 않으신 것입니다

아버지, 그러나 당신은 저희를 믿으십니다
언젠가는 저희가 당신 안에서
가치 있는 인간으로 바뀌리라고 믿으십니다

그러나 저희는 되풀이해서
똑같은 잘못과 약점을 만납니다
새로운 존재로 건너가지 못합니다
그런데도 당신은 저희 안에서
영적 쇄신이 일어나고 있다고 말씀하시니
말씀하시는 대로 그 뜻을 이루어 주십시오

당신 자신이 당신의 말씀과 영의 누룩으로
저희의 삶을 온통 부풀어오르게 하시어
온전히 새로운 삶으로 다시 만들어 주십시오

아버지 하나님,
당신 아드님의 말씀 속에서
누룩의 변화를 관찰합니다
변화는 밤중에 일어났더군요
꿈 속에서, 영혼의 심연에서,
당신이 일을 하고 계시더군요
낮에는 부산하기 때문에
당신께서 일을 하실 수가 없으시죠?
밤이 되어 당신만이 활동하시면
밤 동안 무슨 일이 일어납니다
그 여인처럼 누룩을 밀가루 속에 집어넣고
밤이 새도록 내버려 두면
변화가 일어납니다
이 변화는 당신에 의해서 일어나는 것이지
저희의 노력 때문에 일어나는 것은 아니지요

저희에게 밤이 필요하다고 가르쳐 주시는 거죠?
이튿날 일어나서
고마움 속에 그 변화를 알아볼 수만 있으면
충분하다고 일러 주시는 거죠?
아버지, 잘 알겠습니다

아버지, 표징으로 말씀하시는 아버지,
그러나 이 '밤' 이란 말을 잘 새겨들어야 하겠군요
여러 가지 고통과 시련이 '밤' 이겠지요
그 '밤' 을 거치며 고통을 맞는 저희 자세가 변할 때
당신은 가만히 저희 내면과 접촉하시지요
누룩은 밀가루에 비하면
아주 적고 눈에 띄지 않는데도
엄청난 양의 밀가루를 온통 부풀어오르게 했습니다
저희 안에 있는 당신의 영도
우리 일상의 밀가루,
곧 매일의 일과 관계, 실행해야 할 의무,
날마다 영혼 위에 쌓이는 먼지에 비하면
아주 적게 나타나 보입니다

그러나 점차로 영적인 삶은

저희 삶 전체에 침투하여 변화를 일으키지요

작은 것에서 큰 것을 만드시며

무가치에서 가치를 빚으시는

당신의 능력을 찬양합니다

갑작스레 이루어지는 기적,

어느 순간 삶이 온통 부풀어오른 기적,

당신의 영이 들어와

저희의 삶에 새로운 맛을 부어 넣으신 기적입니다

하나님나라를 계속해서 가르쳐 주십시오,

희망하는 인간이 되렵니다

사랑하는 아버지 하나님   † 아멘

♣ 그리하여 우리 모두가 하나님의 아들을
믿는 일과 아는 일에 하나가 되고, 온전한
사람이 되어서, 그리스도의 충만하심의
경지에까지 다다르게 됩니다. (엡 4:12-13)

아름다움은 빛날 뿐

하나님,

젊은 시절에는

아름다움이 세상을 구원하는 것이라며

세상을 구원하는 아름다움을

당신 밖에서 찾으려고 했습니다

청춘에 구한 아름다움을

노년에 당신 안으로 가지고 들어가

더 큰 아름다움과 만나 보리라 생각했습니다

그러나 저희 자신을 당신께 온전히 드린다는 말이

저희가 추구하는 어떤 이상이나 아름다움을

모두 포기한다거나 축소한다는 것을

뜻하지 않는다는 사실을 발견했습니다

궁극적인 아름다움이신

당신과 조화를 이룰 때

더욱 아름다운 삶을

살게 되는 것임을 깨달았습니다

당신을 사랑한다는 것은

인생을 덜 사랑하는 것이 아니라

더욱 확실하고 민감하게

사랑하는 것임을 깨달았습니다

이렇게 뒤늦게라도

아름다움이 무엇인지 알게 해 주신 것,

진심으로 감사드립니다

하나님 아버지,
성숙한 인간이 되어
그리스도의 충만에 다다르게 되는 상태를
아름다움이라고 정의해도 좋을까요?
완전을 아름다움이라고 불러도 좋겠지요?
그리스도와 하나됨이 완전이란다면
그리스도의 완전성이야말로
저희가 끊임없이 추구해야 할
아름다움의 절정이겠죠
하나됨, 그 아름다움의 속내를
들여다보고 싶습니다

하나님 아버지,
당신께서 저희에게 주신 은총의 선물은
자랑하라고 주신 것이 아님을 압니다
여럿과 함께 어울려 공동체를 이루며
둘로 갈라진 것을 하나로 만들 때
아름다움이 창조됩니다
번거롭고 귀찮은 것을 먼저 감수함으로써

'너'의 고통을 덜어 줄 때
그 마음이 하나됨입니다
아버지, 아름다움은
자기 자신을 주장하지 않는 거겠죠?

아버지 하나님,
성숙은 그 자체만으로 생의 교훈이 됩니다
완전성은 그 자체가 빛날 뿐,
어려운 말로 가르치지 않습니다
자신 안의 분열상을 극복하여
마음과 정신과 의지가 함께 움직이고
필요와 태도와 가치가
한 방향으로 고정될 때
통합된 인격의 아름다움을 보게 됩니다
어느 것 하나도 삐쭉 나와 있는 것이 없습니다
모든 것이 일치되어
아름다움이 빛나게 됩니다
아름다움은 다른 사람에게 가르치지 않지만
서로서로 바라봄으로써 배울 수 있지요

아버지, 그 빛나는 아름다움을

저희에게 주십시오

아버지 하나님,

동일한 목적의식을 가지고

그리스도라는 푯대를 향하여

지금도 달려가고 있다면

이미 당신의 현존 안에

머물고 있는 것이겠지요

부드럽게 에워싸고 있는

당신의 현존을 느끼고 싶습니다

지나간 암흑생활을 청산하며

빛의 아름다움으로 들어가고 싶습니다

아름다움 안에 당신은 현존하시며

그 아름다움을 통해서 말씀하실 테니까요

하나님 아버지,

역시 저는 다시 또 말할 수밖에 없습니다

아름다움이 세상을 구원한 것이라고요

예수 그리스도의 아름다운 사랑이

인류를 구원했습니다

저를 그리고 우리를 구원했습니다

성자와 성부의 하나됨의 사랑으로

저희가 구원받아 승리하고 있다면,

저희도 구원받은 사랑의 아름다움으로

이 어둔 세상을 구원해야 되지 않겠습니까?

끝까지 십자가를 지고

목표에 다다르는 용기를 주십시오

형제들을 위하여 아낌없이 쓰라고 주시는

은사와 재능과 직분을

조금도 소홀히 하지 않고

활용할 수 있게 해주십시오

세상을 구원하는 아름다움의 행진에

꼴찌로라도 끼어,

아버지, 말하지 않고 빛나기만 하는

아름다움이 되게 해 주십시오　✝아멘

♣ 내가 너를 속량하였으니, 두려워하지 말아라. 내가 너를 지명하여 불렀으니, 너는 나의 것이다. (사 43:1-4)

난 당신의 사랑둥이

하나님, 오늘 몇몇이 모여
수다를 떨었어요 들으셨겠죠?
서로 당신의 사랑둥이라고 우겼어요
자기보다 더 사랑 받은 자는
이 땅에 없다는 거예요
저도 한몫 거들며
저야말로 당신 눈에 넣어도
아프지 않을 사랑둥이로
살아온 이야기를 했지요
저마다 당신께서 죽을 고비에서
살려 주신 체험을 했더라고요

대형 교통사고에서 다치지 않고
감쪽같이 살아나온 사람도 있었어요
건물이 무너져 내릴 때
구사일생 빠져나온 이도 있었고요
항해중에 풍랑 만나
뗏목 타고 해안에 가까스로 가 닿은 이도 있었지요
큰 화재 가운데서도
그 불길에 몸이 그을리지도, 옷이 눋지도 않으며
소지품 하나 타지 않은 채
살아나온 친구도 있었어요
아, 당신은 저희를 구원하시는 분이십니다

하나님, 저희 각자를 지명하여 불러 주셨으니
저희는 당신의 것임에 틀림없습니다
그런데 겁도 없이
"난 하나님의 사람이야." 라고 떠들어대어
듣기가 좀 거북했어요
감히 내가 나 자신을 어떻게
'하나님의 사람' 이라고 할 수 있을까요?

하지만 당신은 그런 생각을 하도록
착각할 만큼
저희 모두에게 똑같이 사랑을 베푸시고
은혜를 내려 주시지요
창조하신 분께서
어떤 피조물인들 사랑하시지 않겠어요?
"내가 너를 속량하였으니, 두려워하지 말아라."
이 말씀은 제게만 하시는 말씀이 아니잖아요?

하나님, 당신을 만난 사람들이 모여서
당신 능력 자랑, 사랑 자랑 하다 보면
당신께서 각자에게 하신 말씀이
모조리 밝혀져요

그러나 전 알지요
당신의 사랑은 보편적이지만 고유하고,
고유하면서도 보편적임을

하나님, 이집트를 속량물로 내주고
저를 구속하시마는 당신이시니까요
당신이 누굴 더 사랑하신다고
샘낼 필요 없지요
저를 향하신 당신 사랑,
제게 주시고자 하시는 제 몫의 당신 사랑은
결코 다른 이에게 갈 수 없으니까요
그래서 당신께서 가장 사랑하시는
사랑둥이라고 그 누가 떠들어대도
아무 걱정 없어요
당신은 저의 구원이시고
저는 당신의 사랑둥이니까요
그렇죠, 하나님?   † 아멘

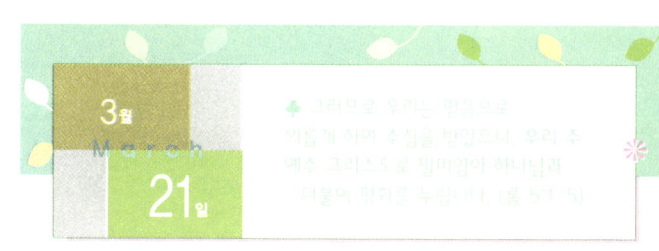

3월
March
21일

♣ 그러므로 우리는 믿음으로
바롭게 하려 주심을 받았으니, 우리 주
예수 그리스도 로 말미암아 하나님과
더불어 평화를 누립시다. (롬 5:1-5)

당신과 더불어 평화를

우리 주 예수 그리스도를 통하여

당신과의 평화를 얻게 해 주신 하나님 아버지,

그리스도를 믿기만 했는데도

지금 여기서부터 당신이 주시는

은총을 누리게 하시오니 감사드립니다

또한 장차 궁극적으로 얻을 승리도

말씀해 주시오니 감사합니다

이 지상의 삶에서부터 당신의 뜻을 따라가는

진정한 기쁨을 살아 내게 해 주소서

고통을 안고서도 기쁘게 살도록

고통 뒤에 숨겨져 있는

신비를 미리 보게 해 주시옵소서
그리하여 고통의 결과로 얻은
인내와 끈기를 통하여
보다 더 큰 희망을 갖게 해 주시옵소서

우리 주 예수 그리스도를 통하여
당신과의 올바른 관계를 갖게 해 주신
하나님 아버지,
그리스도를 믿기만 하는데도
지금 여기서부터 당신이 내리시는
은총을 누리게 하시오니 감사드립니다
또한 미래에 틀림없이 참여하게 될

영광도 확약해 주시오니 감사합니다
이 땅의 삶에서부터
그리스도의 십자가의 뒤를 따라가는
참 즐거움을 살아 내게 해 주소서
고난을 당하면서도 즐거워하도록
고난 속에 감춰져 있는
영광의 씨앗을 미리 보게 해 주시옵소서
그리하여 고난의 열매로 얻은
오래 참음과 연습을 통하여
더욱 빛나는 희망을 품게 해 주시옵소서　†아멘

♣ 보아라 우리는 예루살렘으로 올라가고
있다. 인자가 대제사장들과 율법학자들의
손에 넘어갈 것이다. 그들은 인자에게
사형을 선고하고, 이방 사람들에게
넘겨줄 것이다. (막 10:32-34)

자아가 너무 커서

주여, 나의 주여,
당신은 벌써 제자들에게
당신이 받으실 수난에 대하여
세 번째 예고를 하셨습니다
이방인들의 손에 넘어가
갖은 고난 다 받으시고
마침내 십자가의 죽음을 당하셨다가
사흘 만에 다시 살아날 것임을
분명히 말씀하셨습니다
그러나 제자들은
당신의 죽음에 대해서도 근심하지 않았고

당신의 부활에 대해서도 기뻐하지 않았습니다

당신이 구세주이심을

제자들은 명확하게 몰랐습니다

당신과 함께 먹고 잤지만

당신이 누구신지 몰랐습니다

저희들도 마찬가지입니다

당신이 받으실 수난 후의 영광도 모르고

당신께서 우리의 죄를 구속하시기 위하여

세상에 오신 구세주이심도 알지 못하여

예고하실 때마다 어리둥절합니다

아직도 잠에서 덜 깨어났기 때문입니다

오, 주여, 당신이 누구이신지
바로 알아뵙게 해 주소서

죄인을 구원하시려고 세상에 오신 주님,
당신이 아니셨다면
저희의 생은 얼마나 황량했을까요?
당신이 안 계셨다면
저희는 얼마나 비참했을까요?
죄인의 친구가 되시고 중보자가 되신
당신이 계셨으므로
저희처럼 믿음 없고 사랑 없는 자들이
구원의 대열에 끼게 되었습니다
죽음에 이르는 죄를 속량해 주시기 위하여
십자가에 못박혀 죽으신
당신의 사랑을 상기하며 눈물 흘립니다
죄인 중의 괴수인 저희에게
한량없는 관용을 베풀어 주시니 감사합니다
당신의 보혈 없이는 다시 살 수 없는 죄인임을
진실로 깨닫게 해 주소서

주여, 나의 주여,

차고 넘치는 은총을 베풀어 주신 주여,

당신이 아니셨다면

저희의 삶은 얼마나 절망적이었을까요?

당신이 안 계셨다면

저희는 얼마나 가련했을까요?

의인을 위해서 죽으셨다면 혹시 모를까

큰 죄인인 저희를 위해
그 귀하신 몸을 내어 놓으셨으니
당신의 크신 사랑 생각하며
절치통곡합니다
물 한 방울, 피 한 방울까지도 흘러 주신
대속적 사랑을 상기하게 해 주소서

주여, 나의 주여,
제자들은 당신을 따라다니며
하나님나라와 하나님 아버지에 대한 말씀을
수없이 듣고도
눈이 가려져, 귀가 가려져,
진리를 진리로 받아들이지 못했습니다
저희들도 마찬가지입니다
사건으로, 질병으로,
혹은 재앙으로 수없이 경고하시며
당신 뜻대로 사는 길을 알려주셔도
아직은 자아가 너무 커서
당신이 가르쳐 주시는 말씀을

정확하게 알아듣지 못합니다
가까이 불러 장래 일을 알려주서도
핵심을 파악하지 못하고
허황된 꿈만 꾸고 있습니다
아직도 저희들은 크나큰 죄인이며
구원받아야 할 죄인임을 모르고 있기 때문입니다

주여, 나의 주여,
제자들은 당신께서 영위하신 삶이
지고한 양태의 죽음 속에
구원의 의미를 내포하고 있음을
알아듣지 못했습니다
저희들도 마찬가지입니다
극진한 사랑으로 나타나는 당신의 삶이
가장 힘찬 표현으로 증명된 것이
십자가의 죽음임을 깨닫지 못합니다
제자들은 스스로 죄인들을 위하여 바치신
당신 생명에 대한 외경심이 없었습니다
당신의 고난에 대한 예고를 들으면서도

그 죽음의 의미를 몰랐습니다

저희도 마찬가지입니다

회개하지 않으면 직면할 수밖에 없는

많은 위기에 대해서

알려주시고 또 알려주셔도

제대로 알아듣지 못합니다

일을 겪고 나서야

알게 되기도 하고

겪고 나서도 모를 때가 있으며

아무 일도 일어나지 않으면

오만방자해지기 일쑤입니다

그러고도 그 교만이 죄인 줄도 모르며

또 그 죄가 당신을 다시

십자가에 못박는다는 것도 알아듣지 못합니다

오, 주여, 당신이 누구이신지

바로 알아뵙게 해 주소서   † 아멘

♣ 그렇다. '주께서는 어린아이들과
젖먹이들의 입에서 찬양이 나오게 사셨다.'
하신 말씀을, 너희는 읽어 보지
못하였느냐? (마 21:12-17)

어린이, 젖먹이들의 입으로

주님, 오늘도 저희는 성전에 와 있습니다
'아버지의 집' 밖에는
온통 소란과 어둠뿐이기에
고요와 평화가 있는 '아버지의 집'으로
달려오는 날이 매순간 그리워집니다
그러하오나 주님,
저희는 '아버지의 집'인 성전에 대한
바른 인식이 없어서
성전 안에서 배워야 할 것을
못 배우며 살아갑니다

정의의 주님,
당신께서는 '아버지의 집'을
기도하는 집으로 생각하지 않고
아버지의 이름을 팔며

한 건물로 생각하는 사람들을
호되게 나무라셨습니다
저희 역시 하나님의 현존이 깃들인
거룩한 집임을 자주 망각하여
삼위 하나님의 면전의식 없이
예배를 드립니다
주여, 이 큰 죄인을 어여삐 여겨 주옵소서

거룩하신 주님,
당신께서 그 옛날, 성전에 들어가셔서
장사꾼들의 의자와 환금상들의 탁자를 뒤엎어
성전을 정화하셨듯이
온갖 죄로 더럽혀진
저희 마음의 성전을 깨끗하게 해 주시고
저희도 당신처럼 '아버지의 집'을 아끼는 열정이
저희를 불사르도록
은총을 내려 주옵소서

'아버지의 집'에 있기만을 원하시며
기도하는 기쁨을 누리신 주님,
당신은 천상의 '아버지의 집'과
지상의 '아버지의 집'을 일치시켜
여기서부터 기도와 예배로
하늘 집을 이뤄가기를 원하셨습니다
하지만 교회라는 이름의 '아버지의 집'은
기업처럼 타락하고 탐욕의 온상으로 전락하여
당신의 분노를 사고 있습니다

평신도들의 물욕과 명예욕,
지도자들의 권력욕과 지배욕이
온통 판을 치고 있습니다
주님, 오, 주님,
한국 교회들을 구하소서
성전들을 정화해 주옵소서

우리의 구세주이신 주님,
어린이, 젖먹이들의 입으로
당신을 찬양하게 하옵소서

때묻고 추악한 어른들은
진실에서 떠난 지 오래 됐습니다
순진무구한 어린이들의 입으로
당신의 일을 외치게 하옵소서
진실은 인간적 방법이나 권위,
그 어떤 강권적 제도로도
억압할 수 없다는 것을
어린이들을 통하여 고백하게 하옵소서
성전을 성전되도록
당신 이름을 팔고 사는 자들을
모조리 쫓아 내시고
무분별한 기복신앙과 거짓 예언으로
현혹하고 오도하는 자들을
남김없이 축출하여
'아버지의 집'을 깨끗케 해 주소서
말끔히 정화해 주옵소서   †아멘

♣ 한 여자가 매우 값진 순수한
나드 향유 한 옥합을 가지고 와서,
그 옥합을 깨뜨리고, 향유를 예수의
머리에 부었다. (막 14:3-9)

사랑의 한 옥합

주님, 주일에 제단을 쌓기 전
늘 아뢰옵는 내용이 있습니다
이 몸을 거룩한 산 제물,
향기로운 산 제물이 되게 해 주십사는 것이지요
그러나 입술의 고백일 뿐,
정작 제 자신을
거룩하고 향기로운 제물로 바칠 만큼
진정한 회개를 하지 못합니다
무엇엔가 쫓기는 듯한 분요함 때문에
산 제물이 되지 못합니다

주님, 저희는 너무 계산적입니다
사랑을 하면서도 받을 만큼만 줍니다
서로 비벼대며 수고도 끼치고
서로 도우며 어울려 사는 세상인데
자신은 적게 주고 받는 것은 많이 기대합니다

사랑한다 함은 낭비를 즐거움으로 여겨야 하는데
저희는 조금도 손해 안 보는 사랑을 하려 합니다
주님, 저희는 너무 야박합니다
당신께 드리는 예물은 말할 것도 없고
보이는 형제들에게 주는
말 한 마디에도 인색합니다

과장하는 것은 아부이지만
있는 그대로도 격려하고 위로하고
힘 되는 말을 주지 못합니다

주님, 이 악한 죄인들을
하나님과 화해시키시기 위해서
당신의 거룩하고 보배로우신 몸을
속죄제물로 바치신
당신의 사랑의 낭비를 묵상하며
가슴이 찢어지고 또 찢어집니다
사랑 없고 줄 줄 모르고
옹졸하기 그지없는 저희를
용서해 주시옵소서

주님, 당신께서 마굿간에 태어나셨을 때,
동방박사들이 별을 보고 찾아와
꿇어 엎드려 정성스레 봉헌한
세 가지 예물들 가운데
유향과 몰약이라는

향기로운 선물이 있었지요
당신께서는 왕으로 이 땅에 오셨으나
대제사장이시며
마침내는 인류를 위해 죽으실 분이심을
예언하는 의미 깊은 예물이었습니다

그로부터 삼십삼 년이 흐른 뒤
베다니아의 한 여인이
매우 값진 순 나드 향유
가득한 옥합을 깨뜨려
그것을 당신의 머리에 붓습니다
북인도와 히말라야 산맥에서 자라는
분홍빛 꽃에서 채취한
가장 값비싼 감송향이었습니다
그 여자는 자기가 한 일을
전혀 모르고 있었습니다
그러나 때로 자신이 모르고 한 일이
하나님의 일을 예언한다는
뜻밖의 사실을 알려 주고 있습니다

그녀는 당신의 수난의 문을 열어 줍니다
당신이 십자가에서 죽으신 후
당신 몸에 향유를 발라드릴 시간이
없을 것을 알아차리기라도 한 듯,
미리 장례를 위해서 부었습니다
오 주님, 당신이 구세주이심을
확실히 알려 주는 옥합의 향유,
이 사랑의 거룩한 낭비를
곰곰이 되새기게 하옵소서   †아멘

♣ 젊을 때에 너는 너의 창조주를
기억하여라. (전 12:1-2)

먹구름이 비를 몰고 오기 전에

아버지 하나님,

나이가 먹었다고 모두

철이 드는 게 아닌가 봐요

희끗희끗 은발을 날리면서도

미숙한 어린애처럼 구는

어른이 너무 많아 깜짝 놀라지요

먹구름이 몰려오면 분명히 곧 비가 쏟아질 터인데

아직은 오지 않을 것이라며

빨래를 안 걷는 사람들이

의외로 많아서 답답해요

저희 집 아이들은 날씨를 가늠하기가 힘들면

저에게 두 가지를 묻곤 하지요

"빨래, 밖에 널어요? 안에 널어요?"

"빨래 걷을까요? 그냥 널어 놓을까요?"

가장 대답해 주기 힘든 질문이에요

곧 비를 뿌릴 것 같아도

잔뜩 찌푸린 채

종일 비가 안 오는 때도 많거든요

그래서 전 짙은 먹구름이 덮치기 전엔

대답을 망설이며

구름을 얼마 동안 지켜보아요

그러다가 구름이 점점 검은색을 띠면

"얘들아, 먹구름이 비를 몰고 오기 전에,

어서 빨래 걷으렴."

아버지 하나님,

요즘은 모두 오래 살아보려고

안간힘을 쓰는 것 같아요

아버지는 어떻게 생각하세요?

물론 늙어서 병들어

누구에게 짐 되는 것은 하지 말아야죠

하지만 육체의 건강이

인생의 전부는 아니잖아요?

몸에 좋다는 것만 찾아다니는 사람들 보면

전 좀 의아해져요

우리가 하는 모든 일에

당신의 심판이 있다는 것을

모르는 게 딱해져요

피둥피둥 육체는 살찌고 건강한데

아무 목적의식 없이

쾌락만 좇는 인생에 대한

애석함이 생겨서요

천 년 만 년 살 줄 아는 사람들이 의외로 많아요

이제 인생의 해가 서산마루에 걸려 있는데

그 해가 내일 동산으로 다시 떠오르는 줄 믿고

걸어온 인생을 정리할 생각조차

하지 않고 있으니까요

아직도 명예와 인기,

부의 축적과 세상 재미에만

맞들여 살고 있으니까요
과연 그들에겐
해와 빛과 달과 별들이
어두워진 시간이 안 올까요?

하나님 아버지,
젊은이들도 마찬가지예요
육체의 나이만 생각하는 이들은
햇볕 쨍쨍한 날들만 헤아리고 살고 있지요
해가 지면 어둠이 오고
어둠은 누구에게나 오며
인생의 해는 이 땅의 시간과
상관없다는 것을 모르나 봐요
어둠이 덮치는 때는 차례가 없잖아요!
태어나자마자 죽음을 맞는
아기도 있잖아요!
젊었다고 늙은이보다
오래 빛을 보고 산다는
보장도 없잖아요!

지으신 이를 기억하라고,
심판이 있음을 명심하라고,
자꾸 일러 줘야 하겠죠?

하나님 아버지,
저는 지금 남 이야기를 하고 있는 게 아니에요
저야말로 '죽는다 죽는다' 하며
육십을 넘긴 사람이지요
이제 제 인생 안의 별들과 달과
해가 곧 지겠지요
예, 아버지,
제 인생은 햇볕 쬐는 날보다
비 오는 날들이 더 많았어요
삶을 계획한 때보다
죽음을 대비한 때가 훨씬 더 많았지요
그렇다고 슬프지만은 않았어요
그렇다고 불행하다는 생각도 안 들었어요
제게 주신 모든 날들을 감사하며
기쁘고 행복하게 살았어요

사람들은 저보고 박복하다고 말했지만,
천만에, 그건 잘못된 생각이에요
아직도 저는 여전히
내일을 기약하지 못하고 살지만
저는 틀림없이 행복했어요
그리고 지금도 행복하고요

하나님 아버지,
시간이 많이 남지 않았어요
인생의 빨래들을 걷어서 예쁘게 개킬게요
너무 낡은 것은 과감히 버리고
가장 좋은 것들은 필요한 이들에게 나누어 주고
아직 입을 만한 것은
잠시 장롱에 넣어 둘래요
먹구름이 곧 비를 몰고 오기 전에   † 아멘

온 마음을 기울여서

무한한 사랑이신 아버지 하나님,
아직도 제가 숨을 쉽니다
제가 당신께 감사 찬양을 드립니다
여전히 제가 노래를 부릅니다
제가 당신께 존귀를 드립니다
지금도 제가 살아 있습니다
온 마음을 기울여서 영광을 드립니다

정녕 꿈이 아닙니다
중병에서 치유된 지 만 24년,
믿겨지지 않는 세월을

당신과 함께 걸어왔습니다
당신께서 홀로 하신 일입니다
감사와 영예를 받으시옵소서
생명의 숨결이 고르도록
날마다 순간마다
호흡을 갈아 끼워 주셨습니다
무한한 감사를 올립니다

생명의 근원이신 하나님 아버지,
아직도 제가 일하고 있습니다
시들어 쇠잔해지지 않도록
끊임없이 생명을 쏟아부으셨습니다
무량한 감사를 드립니다
당신은 날마다 저에게
힘을 한껏 불어넣어 주십니다
그 힘으로 일하고 그 힘으로 찬양합니다

어디 그뿐입니까?
당신은 저에게 가장 큰 선물을 하셨습니다

당신의 아드님을 통째로 주셨습니다
십자가의 피로 적셔 주셨습니다
성령의 단물을 끼얹어 주셨습니다
그리스도의 생명으로 입혀 주셨습니다
다시 빚어 주신 당신께 감사를 드립니다

이 땅의 기준으로는 이해할 수 없습니다
이 나라의 시간 안에서는 불가능합니다
이 세상의 인식으로는 감지할 수 없습니다

당신은 여기서 당신 나라의 시간을 연장하시고
당신 나라의 공간을 넓히셨습니다
충만한 감사를 받으시옵소서

저 같은 죄인이 지금 여기
존재하는 자체가 기적입니다
엄청난 신비입니다
감읍하며 영광을 드립니다
눈이 짓무르고 붓도록 울어도 모자랍니다
목이 터지도록 노래불러도 부족합니다
팔다리가 찢어지도록 춤을 춰도 미흡합니다
오늘 당장 불러가셔도
여한이 없는 인생입니다
감사와 존귀를 받으시옵소서
당신의 인자하심과 진실하심을 되새기며
당신의 이름에 감사를 드립니다   † 아멘

♣ 보십시오, 지금이야말로 은혜의 때요,
지금이야말로 구원의 날입니다. (고후 6 :2)

오늘은 무엇인가?

내 주 하나님,
당신의 시간으로 들어오라고
손짓하신 날,
당신 앞에 무릎꿇은 어느 날,
오늘을 산 기억이 없는
제 자신을 바라보며
한 덩어리 울음을 토해냈지요
당신은 그 때,
'금일화에너지'를 저에게 주셨지요
오늘은 무엇인가요?
하나님 당신의 품안

그 안에 있을 때 전 고통을 모릅니다

그 품안을 벗어나는 순간,

전 다시 통증을 느낍니다

그 '오늘'에 계속 머물 수는 없을까요?

오늘은 무엇인가요, 내 주 하나님?

그리스도의 현존 안,

그 안에 있을 때 전 슬픔을 모릅니다

저의 현존을 의식할 때

전 다시 슬픔과 맞닥뜨립니다

그 '오늘'에

오래 머물 수는 없을까요?

오늘은 무엇인가요?

성령의 빛 안,

그 안에 있을 때 전 죄를 모릅니다

제 어둠이 덮쳐올 때

전 다시 비참을 직면합니다

그 '오늘'에 영원히 머물 수는 없을까요?

내 주 하나님,
저는 이제 어렴풋이 압니다
자의식에 사로잡힐 때 오늘이 사라짐을,
자기중심으로 돌아올 때 오늘이 가 버림을,
자애심에 휩싸일 때 오늘이 멸종됨을

예, 하나님,
내가 네가 되지 않고는
오늘은 영원히 도래하지 않습니다

내 주 하나님,
'오늘'을 살아 내려면 어떻게 해야 하나
가르쳐 주셨습니다
새로운 자아가 탄생되고
그것이 익어야 한다고요?
존재내면의 딱지가
완전히 떨어져야 한다고요?
기질의 함정이 메꿔지며
실종된 날개를 찾아야 한다고요?

예, 하나님,

'나'를 죽이고 '너'만을 살려낼 때

비로소 '오늘'을 살아낼 수 있음을 믿습니다

성삼위 하나님만 존재하실 때

비로소 오늘이 있음을 믿습니다

그 때 '나'는 죽었다 살아나

전혀 다른 존재가 되어

마침내 '오늘'을 살게 된다는 것을

확실히 믿습니다

내 주 하나님,

저를 죽여 주소서

그리고 저를 다시 살려 주소서

그리하여 '오늘'을 살게 해 주소서   † 아멘

3월
March
28일

♣ 여러분은 내일 일을 알지 못합니다.
여러분의 생명이 무엇입니까? 여러분은
잠깐 나타났다가 사라져 버리는
안개에 지나지 않습니다. (약 4:13~16)

나는 무존재

주님, 사람들은 걸핏하면
내일 일을 말합니다
저는 내일이 없기에
오늘 일만 얘기합니다
그래서 대화가 엇갈리고
평행을 달립니다
"만일 주님께서 허락하신다면,
내일이 제게 있을 것입니다." 라고
말할 뿐입니다
역사적인 시간을 뛰어넘어
새로운 질서의 시간인

당신의 시간으로 들어가기 전에는
감히 내일을 말할 수 없습니다
하기야 당신 시간표에는
오늘과 내일과 어제는 똑같은 의미이죠
당신의 통시성을 이해하고 싶습니다

당신은 날마다 저에게 오십니다, 주님
당신은 오늘 오시는 분이십니다
어제는 없기에
저는 항상 오늘 당신을 만납니다
제겐 내일도 없으므로
언제나 저는 오늘 당신을 만납니다
당신이 오셔야 오늘이 존재합니다
당신 현존이 곧 새 시간이어늘
제 곁에 당신이 계시지 않는데
어찌 제가 오늘을 산다고
말할 수 있겠습니까?
저는 시간 속에도 없었던 무존재,
전 시간을 존재하지 못하게 한 비존재입니다

주님,

당신은 시간 자체이시고

시간의 주인이십니다

제가 '필연유'라면 그 시간 안에 있어야 하는데

왜 '우연유'처럼 있다가도 없는 것일까요?

그럼 전 그동안 어디에 있었나요?

시간 밖이란 어디를 말씀하시는 건가요?

세상인가요? 악령의 소굴인가요?

아, 저는 시간 없는 저라는

존재 안에 갇혀 있었습니다, 주님

제가 제 안에 있을 때
저는 시간을 살지 못합니다
제가 저만을 바라볼 때
오늘이 오지 않습니다
내가 '너'에게 들어가 하나될 때
비로소 오늘이 창조되며
저는 한 존재가 됨을 믿습니다

주님, 설명할 수 없는 시간,
당신 앞에서는 해석될 수 없는 시간을
종횡무진 걸었던 삶을 회개합니다
그리스도의 오늘을 살 때
비로소 존재가 됨을 믿습니다
그리스도는 어제 죽으시고
오늘 사신 게 아니죠
그리스도는 날마다
오늘 죽으시고 오늘 부활하십니다
그러므로 저도
오늘 죽고 오늘 살게 해 주십시오

오늘을 선물로 주십시오

오늘을 살고 싶습니다

오늘 안의 존재로 있고 싶습니다

오늘을 살고 오늘을 사랑하며

오늘 죽고 싶습니다

다만 오늘만을 갖고 사는

한 존재이고 싶습니다, 주님 ✝ 아멘

♣ 사랑하지 않는 사람은 하나님을
　　알지 못합니다. 하나님은
　사랑이시기 때문입니다. (요일 4:7-8)

사랑을 뱉지 말게 하소서

사랑이신 하나님,

당신을 조금이나마 아는 줄 알았더니

당신께서는 오늘 말씀으로

당신을 알지 못한다고 질책하시는군요

저는 아직 사랑할 줄 모른다고요

사랑하지 않는 사람은

당신을 알지 못한다고 하시니

주눅이 듭니다

제가 참 사랑을 하게 될 때까지

저는 당신을 안다고 말할 수 없겠죠?

지금까지 믿은 것이 헛수고가 된 것 같아

오늘은 마음이 많이 아픕니다

하오나 당신은 오늘도
사랑의 뜨락을 마련해 주십니다
실의에 빠지지 않도록 제 어깨를
또닥거려 주십니다
예수 그리스도께서 저희를 사랑하심같이
그렇게 사랑하려면
아직은 좀 더 기다려야 한다고
위로해 주십니다
제가 기다리는 것은 별 문제가 아닙니다
당신께서 기다려 주셔야 합니다
그 때가 곧 올까요?

이런 말씀을 드려서 어떨지 모르겠습니다만
저는 당신을 '어머니' 라고 부르고 싶을 때가 많습니다
당신에게서 모성애를 느끼기 때문입니다
어머니를 자원하신 아버지 하나님,
당신은 멋대로 살고 있던 저를 뽑으시어

당신의 자궁 속에서 잉태하시는
극심한 고통을 감수하셨지요
죄악을 끊지 못하는 저를 위하여
당신의 아드님으로 하여금
십자가에서 생명을 버리게 하심으로써
부활의 희망을 안겨 주셨지요
탄식과 눈물을 흘리는 어머니가 되어 주셨죠
굳이 옛 자아를 사수하는 저를
왜 버리지 않으십니까?

어머니 같으신 하나님,
당신 사랑의 거룩한 젖을 빨며
조금씩 자라고 싶습니다
그 푹신한 팔로 힘껏 안아 주셔서
저를 자라게 해 주십시오
죽음과 어둠에서 이끌어 내시어
한계상황을 뛰어넘게 해 주십시오
마침내 성령 안에서
사랑을 할 수 있는 어린이로

성장하게 해 주십시오

몇 년 전만 해도 참 사랑이 무언지 몰라

달콤한 맛을 내는 사랑만 삼키며

당신이 입에 넣어 주시는 사랑을

쓰다고 뱉었습니다

때로는 홀로 토라져

아예 사랑을 먹으려고

입을 벌리지도 않았습니다

그건 사랑이 아니라고

대들기도 했습니다

그런가 하면 너무 욕심부리며 과식하다가
잔뜩 체하기도 했습니다
잘 씹지 않고 먹다가
모두 배설하기도 했습니다

아, 어머니 하나님,
이제 이 아기는 어머니 사랑이 무엇인지
조금 깨닫게 되었습니다
사랑 자체가 뭔지
조금 알게 되었습니다
토하고 뱉고 거부하고 배설한
그 사랑의 상실과 손실을 기억하며
통한의 눈물을 흘립니다

사랑하올 하나님 어머니,
당신께서는 지금도 늦지 않았다고 말씀하시죠
부어 주신 사랑이 제 존재 한 구석에
남아있다시는 거죠?
포기하지 않으시고

앞으로도 계속 사랑을 먹이셔서

마침내는 당신과 한몸 되는

은총을 내려 주마고 말씀하시는 거죠?

비록 아직 사랑을 살아 내지 못하고,

비록 지금은 당신의 사랑도

하루 스물네 시간

가슴으로 깨닫지 못한다 하더라도,

머지않아 사랑을 할 수 있는 사람으로 태어나

새로이 아름다운 관계를 맺고

당신 안에 머물 날이 오리라 믿습니다   † 아멘

♣ 그는 실로 우리가 받아야 할 고통을
대신 받고, 우리가 겪어야 할
슬픔을 대신 겪었다. (사 53:4-5)

대신 죽으셨으니

주님, 저 위하여 '대신' 죽으신 주님,
'대신의 신비'를 통찰하려고 몸부림칩니다
제가 대학교 다닐 때 말이죠
독감으로 결석하던 날
저를 대신해서 제 친구가
대리대답을 한 적이 있었습니다
그 때 국어를 가르치시던 시인 교수는
"오령혜의 목소리가 왜 이렇게 굵어졌어요?"
라며 고함을 쳤다고 합니다
며칠 후 제가 몸이 회복되어
그 교수의 교수실로 찾아가 백배사죄하자,

"오령혜, 네 목소리는 대신 낼 수 없어. 그것 알아?"
하며 껄껄 웃었습니다
그 분은 끝내 제 이름을 '오령혜' 라고 부르면서도
대신할 수 없는 제 목소리만은 잊지 않았습니다
고유한 존재로,
결코 누가 대신해 줄 수 없는 존재로,
저를 기억해 준 한 교수를
지금도 잊지 못합니다

그 사건 이후로 저는
'대신' 이라는 낱말을 통찰하며
일생을 살아왔다고 해도 과언이 아닙니다
어쩌다가 아들 대신 죽은 어머니의 이야기를
신문 한 귀퉁이에서 읽어 봅니다
처자가 있는 한 사람을 위하여 대신 죽은
막시밀리안 꼴베 신부에 감격합니다
사형장의 이슬로 사라지려는 친구를 대신하여
자신의 목숨을 내어 놓은
전설 같은 일화도 상기합니다

대신 숙제해 주고 대신 편 들어 준
저의 아름다운 친구의 토막이야기도
잊을 수 없습니다

그러나 주님, 저 위하여 대신 죽으신 주님,
저 대신 매 맞고
저 대신 창에 찔리고
저 대신 침뱉음 당하며
저 대신 가시관 쓰고
저 대신 발로 차이고
저 대신 무거운 십자가를 지고 죽어 준 사람은
이 세상에 없습니다
당신만이 저를 대신하여 죽어 주셨습니다
당신의 대속적 죽음,
대속적 사랑의 의미를 반추합니다

완벽하신 당신의 몸을 내어 놓으셔서
가장 추하고 악한 저를 위해 죽으신
이 '대신의 신비'를 어떻게 이해해야 할까요?

아무를 위해서도 대신해 주지 못하는
저를 봅니다
저의 죄의 과정과 그 벌까지도 홀로 받으신
당신을 바라봅니다

제 죄를 씻어 주기 위하여
전부 맡으신 당신을 바라봅니다
당신은 성부께 먼저 당신을 맡기셨습니다
신뢰와 사랑을 바탕으로
먹히는 존재가 되셨습니다

제 죄를 대신 맡으실 때

제 죄가 당신께로 옮겨진 것임을 믿습니다

맡는 자는 맡기는 자의 것을 온전히 받아서

다시는 되돌려 주지 않는 것을 압니다

그러므로 맡긴 자에게는

내어 준 것이 남아 있지 않고

온전히 맡은 자에게 그것이 있게 되지요

이제 저는 당신께서 대신하고 계신 일 속에서

가벼움을 느껴야 할 차례입니다

만일 제가 자유를 느끼지 못한다면

저는 '대신의 신비'를 모르고 있는 것입니다

저 대신 지신 십자가 때문에

저는 그 십자가가 져 주는 힘으로

지금까지 걸어온 인생길보다

훨씬 빨리, 훨씬 가볍게 걸어갈 수 있습니다

감사합니다

주님, 저 대신 십자가를 지신 주님,

대신하는 것은 과정뿐 아니라

결과를 책임지는 것이죠?
당신은 과정상의 모욕과 치욕을
다 참으셨습니다
죽음이라는 결과까지 책임지셨습니다
책임을 완수하신 후
영광의 빛이 비춰왔습니다
대신한 자의 죽음이 대신 받은 자에게
찬란한 빛을 쏟아 줍니다
새 생명, 영생이라는 크나큰 선물입니다
죄사함 받은 일만 가지고도
넘치는 기쁨을 누릴 수 있는데
저의 영원까지를 책임져 주시니
고푸라지며 오열합니다

해마다 저는 저를 대신해서 십자가에 죽으신
예수 그리스도에만 초점을 맞추었었는데
올해에는 대신하셨기 때문에
제가 받고 있는 '지금의 축복'에
머물게 되었습니다

앞으로 남아 있는 '오늘의 영광' 으로 건너가며
눈물로 감사드립니다
저 대신 죽으신 당신 때문에 제가 살아났기에
이제 저는 당신을 위하여 살고 죽어야 할
책임을 통감합니다   † 아멘

♣ 주님께서 가인에게 물으셨다.
"너의 아우 아벨이 어디에 있느냐?"
그가 대답하였다. "모릅니다. 제가
아우를 지키는 사람입니까?" (창 4:1-9)

네 아우, 아벨은 어디에

당신께서 자주 물으시는 말씀,
"네 아우 아벨이 어디 있느냐?"
이것은 언제나 저의 화두가 됩니다, 하나님
저는 가인처럼 아우를 사랑하지 못하여,
저는 가인처럼 샘이 많아서,
저는 가인처럼 화를 잘 내기 때문에,
이 말씀만 들려오면 몸이 벌벌 떨립니다
형제에 대한 인간적 책임을 물으시는
당신의 절박한 질문에
저는 유구무언입니다
"네 형제가 어디 있느냐?" 이 물음은

"너와 함께 네 형제 있느냐?"라는 뜻이죠?
어디를 가든지 함께 갈 수 있고
무엇을 하든지 함께 협력할 수 있느냐고
물으시는 것이죠?
사람은 혼자 살 수가 없으므로
언제나 형제의 도움을 필요로 하며
항상 형제를 도와주어야 한다는 것을 압니다
그런데 불목하지 않고 화목하냐고 물으실 때는
마음 속에 증오나 원한이
도사리고 있지 않느냐고 꼬집으시는 것 같습니다
형제와 함께 일할 때
겉뿐만 아니라 속으로도 서로 형제임을
나타내라시는 뜻으로 받아들여도 될까요?
하나님,
이제부터 형제와
함께 있으려고 애쓰겠습니다

"네 형제가 어디 있느냐?" 물으실 때는
"네 형제의 선을 기뻐하느냐?"는 의미로

이해하면 되나요?

형제의 선을 기뻐하며

형제의 장점을 먼저 보고

그가 잘 되기만을 바라고 싶습니다

당신께서 아벨을 칭찬하시면

그것을 기뻐하며

당신께서 반기시는 예물을

어떻게 드렸는지 물어 보고

자기도 그렇게 해야 하겠다고

생각했어야 하지요

기본적인 형제애마저도

가지고 있지 못한 것을 나무라시는 말씀을

명심하겠습니다

형제의 악을 기뻐하는

악한 성향에서 벗어나

형제의 선을 기뻐하려고 힘쓰겠습니다

"네 형제가 어디 있느냐?" 물으신 것은

'너' 와 '나' 의 분리가 있어서는 안 된다시는 뜻이죠?

자신만을 생각하는 이기주의와
언제나 탓을 너에게 돌리는 것이
바로 죄의 핵심임을 일깨워 주십니다
만일 가인이 '너'와 '나'를
분리하지만 않았더라도
또 '나'에게서 '너'에게로 조금만 건너갔더라도
그런 비극은 생기지 않았겠지요
공동체의식을 가지고
공동운명을 느끼라시는 말씀으로도 해석됩니다
먼저 공감대가 형성되며

형제가 하는 일에 깊은 관심을 가지게 해 주십시오

무심하거나 무정한 사람은

전혀 공동체성이 없는 사람이니까요

남의 일을 상관하지 않는 것은

사랑이 없다는 증거임을

지적해 주고 계십니다

이제 저는 "네 아우가 어디 있느냐?"

라고 물으시면

"예, 하나님, 바로 제 옆에 있습니다."

라고 대답할 수 있도록

사랑을 연습하겠습니다

사랑을 배우겠습니다

사랑을 실천하려고

온갖 힘을 다 기울이겠습니다 † 아멘